TRINITY

Luc Bodin
Nathalie Bodin | Jean Graciet

Ho'oponopono

Hawaiianische Weisheit für Vergebung und Heilung

Vorwort von Maria-Elisa Hurtado-Graciet

Aus dem Französischen von
Claudia Seele-Nyima

TRINITY

Die Originalausgabe ist erstmals 2012 bei Éditions Jouvence erschienen.
Titel der französischen Originalsausgabe:
Le grand livre de Ho'oponopono. Sagesse hawaïenne de guérison
© Éditions Jouvence, S.A., Chemin du Guillon 20,
Case 184, CH-1233 Bernex
www.editions-jouvence.com; info@editions-jouvence.com

MIX
Papier aus verantwortungsvollen Quellen
FSC® C014889

Umschlaggestaltung: Guter Punkt, München
unter Verwendung eines Motivs von © naluwan/shutterstock
Illustrationen: Jean Augagneur

Satz: BuchHaus Robert Gigler, München
Druck und Bindung: Pustet, Regensburg
ISBN 978-3-95550-066-5

www.trinity-verlag.de

Inhalt

HO'OPONOPONO

Vorwort

Mein Freund Luc hatte mich gebeten, das Vorwort zu diesem Buch zu schreiben, und noch am selben Abend griff ich zufällig ein Buch aus meinem Regal und schlug es geistesabwesend auf. Innen lag ein gefaltetes Blatt, auf das ich folgende Zeilen geschrieben hatte: »*Ich meine, dass allem ... eine ganz einfache Vorstellung zugrunde liegen muss. Und ich meine außerdem, dass diese Vorstellung, wenn wir sie schließlich entdecken, so unwiderstehlich, so schön sein wird, dass wir uns sagen werden: ›Oh! Wie hätte es auch anders sein können?‹*« (John Wheeler, Physiker, in einer TV-Dokumentation mit dem Titel *The Creation of the Universe*).

Ein Schweigen raunte mir zu, diese Sätze seien ein Fingerzeig des Lebens, das mir das Wesentliche in Erinnerung rufen wollte.

So gelangen Wahrheiten zu uns: Stets einfach, kommen sie ohne Erklärungen und große Reden aus. Und so ist auch Ho'oponopono in mein Leben getreten. Mein Herz hat etwas wiedererkannt, was es bereits wusste, denn unser Herz vermag etwas Wahres zu erkennen.

Nur haben wir gewissermaßen einen Schleier vor den Augen, der uns daran hindert, unsere wahre Natur zu sehen und ihr Ausdruck zu verleihen. Ho'oponopono sagt, dass dieser Schleier aus Erinnerungen besteht. Um ihn zu klären und aufzulösen, müssen wir vor allem eines tun: *»Reinigen, reinigen, reinigen.«*

Mit der Zeit erkannte ich, dass dieses Reinigen in drei Schritten durchgeführt wird: Zuerst müssen wir unser Herz öffnen, dann das, »was ist«, mit Liebe empfangen und es schließlich loslassen, uns nicht mehr daran festklammern und es dem »Göttlichen« in uns überantworten.

Im vorliegenden Buch teilen meine Freunde Nathalie Bodin, Luc Bodin und mein Mann Jean ihre Erfahrungen und Auffassungen in Bezug auf Ho'oponopono mit Ihnen. So erhalten Sie die Gelegenheit, einen tieferen Einblick in ein Leben mit Ho'oponopono zu gewinnen.

Mit zunehmender Übung werden Sie die vorgestellten Konzepte und Erfahrungen integrieren und dann Ihre jeweils eigene Auffassung – die Ihr Herz Ihnen mitteilt – entdecken. Seien Sie offen, und denken Sie daran: *»Man sieht nur mit dem Herzen gut, das Wesentliche ist für die Augen unsichtbar.«* (Antoine de Saint-Exupéry, *Der kleine Prinz*)

Ich danke dem Leben für die Gelegenheit, die ich heute erhalten habe, den »Schleier« zu reinigen, der mich in der Illusion des Getrenntseins hält.

Ich wende mich an das einzigartige Wesen, das ich bin, an Mutter Erde und an Sie, liebe Leser, in dem Wissen, dass mein erster Irrtum darin besteht, zu glauben, ich sei vom Ganzen getrennt und unvollkommen. Ich bitte meine Seele oder mein höheres Selbst, mir zu helfen, alle Erinnerungen zu reinigen, die mich zu dieser Annahme verleiten.

»Es tut mir leid, bitte verzeih mir, danke, ich liebe dich.«

Maria-Elisa Hurtado-Graciet,
Koautorin von *Ho'oponopono. Le secret des guérisseurs hawaïens*

Ho'oponopono – eine Anleitung

Die Ho'oponopono-Formel

»Tut mir leid, bitte verzeih mir, danke, ich liebe dich.«

Was bedeuten diese Worte?

»Tut mir leid« bedeutet das anzuerkennen, was ich selbst geschaffen habe: meine eigene Schöpfung.

»Bitte verzeih mir«: Ich bitte um Vergebung, weil ich nicht wusste, dass ich das in mir trage.

»Danke«: Ich bedanke mich dafür, dass mir erlaubt wird, diese Erinnerung zu reinigen.

»Ich liebe dich«: dich, das Göttliche in mir. Man könnte auch sagen: »Ich liebe mich.«

Wann wird diese Formel gesagt?

Wenn wir mit einem Konflikt, einer gewaltsamen Reaktion, einem Unfall, etwas Traumatisierendem, mit irgendetwas, das eine starke negative Reaktion in uns auslöst, konfrontiert sind.

Wie wird sie gesagt?

Laut, leise oder innerlich.

Wen sprechen wir mit dieser Formel an?

Uns selbst, das Göttliche in uns, unsere Beschützer, das Universum, Gott.

Kann man sie vorbeugend sagen?

Sie können die Formulierung »Es tut mir leid, bitte verzeih mir, danke, ich liebe dich« sogar sagen, wenn Sie nicht das Gefühl haben, in einer Konfliktsituation zu sein. Durch das präventive Anwenden dieser Formel ist es möglich, Erinnerungen zu tilgen bzw. zu löschen, die unbemerkt an die Oberfläche gekommen sind, ohne dass Sie es gemerkt haben. Manche rezitieren die Formel wie ein Mantra beim Gehen, Laufen oder wenn sie mit dem Fahrrad unterwegs sind.

Kann man sie auch bei einem freudigen Ereignis sagen?

Ja, Ihnen steht ein Instrument zur Verfügung, mit dem Sie Ihr Ego ruhigstellen und die Erfahrung machen können, ganz und gar voller Freude zu sein – in aller Bescheidenheit.

Kann man Ho'oponopono vor dem Fernseher praktizieren?

Sie können Ho'oponopono vor allem praktizieren, das negative Gefühle in Ihnen weckt, sei es das Internet, das Telefon, das Radio oder eben der Fernseher.

Muss man die Formel vollständig aufsagen?

Wenn Sie beginnen, Ho'oponopono zu praktizieren, sollten Sie sich die Zeit nehmen, die Formel im Ganzen zu sprechen, bis Sie die Empfindungen, die bei jedem Wort aufkommen, integriert und verinnerlicht haben. Anschließend kann »Danke, ich liebe dich« ausreichend sein.

Was geschieht dann?

Sie kommen zur Ruhe. Sie sind ganz frei von Erwartungen in Bezug auf das, was geschieht, denn Ho'oponopono bedeutet zuallererst, inneren Frieden zu erlangen.

KAPITEL 1

Ho'oponopono – damals und heute

Jean Graciet

Alles in allem ist es ganz einfach, in den Ho'oponopono-Prozess »einzusteigen«. Wenn etwas Sie stört, ein kleines Ärgernis im Alltag oder auch ein sehr viel schlimmeres Ereignis, dann genügt es, die vier kurzen Aussagen – im Grunde nur wenige Worte – zu wiederholen. Sie lauten: *»Es tut mir leid, bitte verzeih mir, danke, ich liebe dich.«* Und im Anschluss an diese vier Aussagen, die eine Zeit lang mehrmals wiederholt werden, geschieht etwas – manchmal sogar ein Wunder!

Nichts einfacher als das, so scheint es, und offenbar ist es für jeden machbar. Wir werden aber nun sehen, dass Ho'oponopono nicht ganz so leicht zu integrieren und zu praktizieren ist, wie es auf den ersten Blick scheint.

Ho'oponopono – Definition und Geschichte

Ho'oponopono ist eine Philosophie, eine Geisteshaltung, und um diese anzunehmen, müssen wir bestimmte Vorstellungen, bestimmte Konzepte integrieren und verinnerlichen, die sich sehr von jenen unterscheiden, an die wir von unseren jüdisch-christlichen Traditionen her gewöhnt sind. Mit Ho'oponopono nehmen wir eine andere Perspektive ein, eine Sicht der Dinge, die uns dazu bringt, das Leben, die anderen und uns selbst ganz anders, ja sogar mit einem Blick zu sehen, der unserem bisherigen völlig entgegengesetzt ist. Genau hierin liegt die Ursache dafür, dass die Ho'oponopono-Praxis nicht unbedingt leichtfällt und dass tatsächlich jeder Praktizierende eine große Wende in Bezug auf seine Überzeugungen und Werte vollziehen muss.

Ho'oponopono ist aus einer althergebrachten hawaiianischen Tradition hervorgegangen. Der Begriff bedeutet sinngemäß *»richtigstellen, etwas aus dem Lot Geratenes korrigieren, in Ordnung bringen«*. Kam es in einer Gemeinschaft zu Meinungsverschiedenheiten oder Beziehungsproblemen, so wurde in Anwesenheit aller Beteiligten eine Versammlung abgehalten; unter Leitung eines Priesters vergab man sich gegenseitig.

Ho'oponopono ist ein Prozess der Reue oder der Versöhnung zwischen Angehörigen einer Gemeinschaft oder einer Familie.

Morrnah Simeona

Dann kam Morrnah Simeona, Schamanin und Kräuterheilerin. Sie sagte sich, der Ho'oponopono-Prozess könne dadurch vereinfacht werden, dass man auf die Anwesenheit eines Leiters oder Priesters verzichtet, sodass jeder Mensch ihn allein für sich praktizieren kann. Diesen Gedanken setzte sie um, indem sie den Ho'oponopono-Prozess so lehrte, wie wir ihn heute kennen: Allein für sich lässt man sich Verzeihung, Liebe und Frieden zukommen. Es ist nicht mehr nötig, dass andere dabei sind, und auch die Anwesenheit eines Leiters oder Priesters ist für die Vergebung nicht notwendig. Es kommt vor allem darauf an, sie sich selbst zu gewähren. Das ist wichtig, denn es zeigt, wie sehr der Prozess an unsere Zeit angepasst ist, in der jeder Mensch zunehmend selbst für sich Sorge tragen muss.

Morrnah sagte auch, dass uns das Gewicht unserer Erinnerungen belastet. Ho’oponopono zielt daher darauf ab, uns von diesen Erinnerungen zu befreien, damit wir uns des Schleiers entledigen und das »Göttliche« in uns entdecken können. So finden wir heraus, wer wir wirklich sind und was wesentlich für uns ist.

Mit diesem Prozess werden die Erinnerungen befreit und vom »Göttlichen« in reine Energie verwandelt. Es ist sozusagen ein richtiggehender alchemistischer Vorgang, eine Umwandlung unserer Erinnerungen und Ängste in reine Liebe. Für Morrnah Simeona *»beginnt der Frieden bei mir und niemandem sonst«*. Morrnah hielt Seminare ab, und der Psychotherapeut Ihaleakala Hew Len wurde ihr bekanntester Schüler, denn durch ihn und seinen außergewöhnlichen Bericht verbreitete sich Ho’oponopono weltweit.

Ihaleakala Hew Len

Die Geschichte des Therapeuten Ihaleakala Hew Len ging um die ganze Welt; jeder kennt sie mehr oder weniger: Er war als klinischer Psychologe tätig, als ihm eines Tages angetragen wurde, die Verantwortung für die psychiatrische Abteilung einer Strafvollzugsanstalt in Hawaii zu übernehmen. Man muss dazu sagen, dass die Atmosphäre dort sehr bedrückend war, geradezu beängstigend. Die Gefahr im Alltag war so präsent, dass das Personal voller Angst zur Arbeit ging. Fehlzeiten waren häufig, und Psychologen blieben nie lange.

Trotzdem nahm Hew Len die Stelle an. Er bat, man möge ihm alle Patientenakten zur Verfügung stellen. Bevor er sich in seinem Büro einschloss, bestand er darauf, ungestört zu bleiben; er brauche die Kranken nicht persönlich zu sehen – eine merkwürdige Einstellung für einen Psychologen, doch sie wurde respektiert.

Die Tage vergingen, und nach etwa drei Monaten wurde allmählich spürbar, dass sich die Atmosphäre entspannte und die Beziehungen zu den Kranken besser wurden. Die Leute berichteten ihm davon und fragten ihn, was er allein in seinem Büro täte, denn seine Haltung weckte weiterhin Neugier und Skepsis.

Hew Len erklärte, er reinige die Erinnerungen, die er mit jedem Patienten gemeinsam habe, genauer gesagt: die er mit ihnen geteilt habe, als die betreffende Akte vor ihm lag.

»Wie tun Sie das?«, wurde er gefragt.

Er antwortete: »Ich sage einfach die folgenden vier Sätze und wiederhole sie: ›*Es tut mir leid, bitte verzeih mir, danke, ich liebe dich.*‹«

»Das ist alles?«

»Ja, das ist alles.«

So blieb er fast vier Jahre lang auf seinem Posten. Am Ende dieser Zeit schloss die psychiatrische Abteilung der Strafvollzugsanstalt ihre Pforten. Es waren nämlich keine Patienten mehr da! Entweder waren sie ganz geheilt, oder es war nicht mehr nötig, dass sie dort blieben.

Hew Len erklärte, er reinige die Erinnerungen, die er mit jedem Patienten geteilt habe, indem er einfach wiederholte: »Tut mir leid, verzeih mir, danke, ich liebe dich.«

WAS WAR GESCHEHEN?

Wenn er über all die Patienten spricht, die gesund wurden, erklärt der Psychologe, er heile jenen Teil seiner selbst, der sie geschaffen habe. Er fügt hinzu, dass wir für alles in unserem Leben, für alles, was uns widerfährt, verantwortlich sind. Das bedeutet, alles, was wir mit unseren fünf Sinnen erfassen, die ganze uns umgebende Welt, ist von uns erschaffen! Wenn Ihnen also etwas außerhalb Ihrer selbst missfällt, dann liegt es in Ihrer Verantwortung, in sich die Erinnerungen zu heilen, die diese Situation kreiert haben.

Die physische Realität ist eine Schöpfung unserer Gedanken

Das, was außerhalb unserer selbst liegt, ist im Grunde nur eine Projektion von etwas, das von uns kommt und das wir als Überzeugungen, Gedanken oder Erinnerungen bezeichnen könnten. Hier haben wir eine Vorstellung, die dem zuwiderläuft, was uns im Westen in der Regel beigebracht wird, dort, wo der Druck unserer alten jüdisch-christlichen Traditionen so allgegenwärtig ist. Es fällt uns nämlich sehr viel leichter, anderen die Verantwortung zuzuschieben und in eine Opferrolle zu schlüpfen; es ist so viel bequemer!

Und dennoch – nein! Was auch geschieht, Sie sind kein Opfer, sind nie ein Opfer gewesen, sondern Sie sind zu

100 Prozent Schöpfer(in) all dessen, was Ihnen widerfährt. Natürlich ist das zunächst schwer zu akzeptieren. Hierin liegt jedoch der Schlüssel des gesamten Ho'oponopono-Verfahrens. Es ist unbedingt notwendig, dass wir diese Vorstellung ganz und gar annehmen, damit wir Ho'oponopono überhaupt effektiv praktizieren können.

Ein irriger Gedanke kreiert eine falsche Realität. Wenn ich einen richtigen Gedanken habe, erschaffe ich eine Realität voller Harmonie und Frieden. An diesem Punkt müssen wir uns vergegenwärtigen, dass alles in unserem Inneren ist. Nichts ist außen.

Die physische Realität ist eine Schöpfung unserer Gedanken, das heißt, wir sind Schöpfer all dessen, was wir erleben.

Diese Vorstellung zu integrieren, zu verinnerlichen, bereitet häufig große Schwierigkeiten. Bis dahin sind wir stets davon ausgegangen, dass die Ereignisse, die wir erleben, von außen kommen. Mit Ho'oponopono kehrt sich diese Sichtweise um. In Wirklichkeit ändert sich nichts. Wir wussten nur einfach nicht, dass wir unbewusst unsere Wirklichkeit geschaffen haben.

»Sobald etwas vor Ihnen erscheint«, sagt Hew Len, *»können Sie sich fragen, was in Ihnen vor sich geht, welche Erfahrung Sie gerade machen.«* Dann gilt es, zu 100 Prozent die Verantwortung für das zu übernehmen, was Sie fühlen und gerade kreieren. Haben Sie diese Situation erst einmal akzeptiert – die ganz und gar von Ihnen geschaffen wurde –, dann können Sie den Prozess der Reinigung sämtlicher Erinnerungen in Angriff nehmen, die all Ihren Verdruss verursacht haben. Denn die Erinnerungen lassen Ihnen überhaupt

keine Atempause. Ohne dass es Ihnen bewusst ist, leiten sie Ihr Leben und hindern Ihre Willensfreiheit daran, sich zu entfalten.

»*Wir sind nicht die Summe unserer Erinnerungen, wir sind nicht unsere Erinnerungen, denn wir sind mehr als das*«, pflegte Morrnah Simeona zu sagen.

Alles, was in Ihrem Leben geschieht: Ereignisse, Begegnungen, Wohnorte, Reisen, all das sind Erzeugnisse Ihrer Erinnerungen. In Wirklichkeit werden Sie von ihnen ferngesteuert. Diese Erinnerungen wiegen Sie in dem Glauben, Sie seien anders als andere, und zweifellos sind sie es, die Ihnen die Illusion des Getrenntseins vermitteln. Darum ist es sinnvoll, sich ins Gedächtnis zu rufen, dass Sie nicht Ihre Erinnerungen sind. Dies führt uns zu der grundlegenden Frage, die Morrnah stellte, die sich Hew Len stellt und die zu stellen jeder Mensch ein Anrecht hat: »*Wer bin ich wirklich?*«

Ihre Erinnerungen hindern Sie ganz einfach daran, Sie selbst zu sein, und dadurch, dass Sie sich von diesem belastenden »Erbe« befreien, indem Sie seine Schichten geduldig, eine nach der anderen ablegen wie Zwiebelschalen, werden Sie allmählich herausfinden, wer Sie wirklich sind. Folglich ist alles, was im Außen erscheint und Sie stört, was Sie aus dem Gleichgewicht bringt und Ihnen Leid zufügt, eine Erinnerung. Das Leid, dass Sie bei anderen sehen, ist eine Erinnerung, die in Ihnen wieder aktiviert wird.

Der Ursprung all dessen, was Ihnen zustößt und Sie beeinträchtigt, ist eine Erinnerung.

Mit Ho'oponopono ist es möglich, all unsere Erinnerungen zu reinigen. Doch im Grunde gibt es keine guten und schlechten Erinnerungen, sondern es ist der Verstand, der beurteilt und entscheidet, was gut und was schlecht ist. Die Wirklichkeit ist ganz anders. Es gibt nur Erinnerungen, von denen uns manche falsch, andere dagegen richtig erscheinen. Wir müssen einfach nur die Erinnerungen reinigen, um uns davon zu befreien. Ho'oponopono ermöglicht es uns.

Die verschiedenen Teile unserer Identität

Erinnerungen sind im Unterbewusstsein gespeichert. Die Hawaiianer bezeichnen es als *Unihipili*, was so viel heißt wie »inneres Kind«. Es ist der Sitz der Gefühle und Erinnerungen. Darum lädt uns der Ho'oponopono-Prozess ein, unser inneres Kind zu bitten, seine Ängste loszulassen und die Erinnerungen zu befreien, die das Problem oder die Situation verursacht haben. Das innere Kind hat ein starkes Bedürfnis, beruhigt und geliebt zu werden, und durch Liebe kann es sich dieser Last entledigen und die Erinnerungen befreien.

Das Bewusstsein oder *Uhane* – »Mutter« für die Hawaiianer – ist jener Teil, der den Verstand bzw. das Denken repräsentiert und vor die Wahl stellt, entweder die Erinnerungen zu reinigen oder aber den Prozess nicht anzugehen und auf diese Weise die Illusion der Kontrolle zu behalten. Der *Uhane*-Teil spielt eine wichtige Rolle. Er benötigt eine ausgeprägte Fähigkeit zur Bescheidenheit, denn wenn man die Entscheidung trifft, die Erinnerungen zu reinigen, muss der Verstand die Zügel aus der Hand geben. Er muss vertrauen und vor dem Göttlichen beiseitetreten.

Das Überbewusstsein, die Seele oder auch das höhere Selbst wird von den Hawaiianern *Aumakua* genannt, was »Vater« bedeutet. Es ist dieser Teil, der in direkter Verbindung mit dem Göttlichen in uns steht und den wir bitten, die Erinnerungen zu reinigen, sobald sie vom Unterbewusstsein freigelassen wurden. Die Bitte richtet sich an das höhere Selbst oder die Seele, die sofort an das Göttliche in uns übergibt, dessen Rolle darin besteht, die Ursache(n) des Problems zu reinigen und zu läutern. Wir können uns auch direkt an das Göttliche in uns wenden.

Reinigen – wie geht das?

Sie setzen die vier Schlüsselaussagen des Ho'oponopono-Prozesses ein, nämlich: *»Es tut mir leid, bitte verzeih mir, danke, ich liebe dich.«*

Wenn Sie regelmäßig Ho'oponopono praktizieren, wollen Sie diese Aussagen vielleicht auf ein einfaches *»Danke, ich liebe dich«* reduzieren. Lassen Sie sich vor allem von Ihrer Intuition leiten, und Sie werden die Worte verwenden, die für Sie am besten geeignet sind.

Sie sagen *»Es tut mir leid«*, weil Sie bislang nicht wussten, dass Sie diese Erinnerungen in sich trugen. Dann sagen Sie *»Verzeih mir«* zum Göttlichen und bitten dieses, es möge Sie dabei unterstützen, sich selbst zu verzeihen, dass

Sie sich zuvor von diesen Erinnerungen haben leiten lassen. Anschließend *»danken«* Sie den Erinnerungen dafür, dass sie sich gezeigt und Ihnen die Möglichkeit gegeben haben, Sie zu befreien; und Sie danken auch dem Göttlichen, dass es Ihnen bei dieser Befreiung geholfen hat.

Sie schließen mit *»Ich liebe dich«*, denn allein die Liebe heilt. Damit wenden Sie sich an Ihre Erinnerungen und an sich selbst.

Der Ho'oponopono-Prozess besteht darin, dass Sie sich vergeben, danken und sich Liebe schicken. Dadurch löschen Sie die Erinnerungen. In dem Maße, wie dieses Leid in Ihnen schwindet, schwindet es auch bei dem anderen. Wenn Sie diese Worte aussprechen, wenden Sie sich an sich selbst, aber im Besonderen auch an das kleine Kind in Ihnen, das leidet.

Es gibt für Sie weder etwas zu tun noch zu verstehen, Sie brauchen nur um etwas zu bitten.

Das macht die Einfachheit des Ho'oponopono aus. Es ist nicht mehr erforderlich, zu ergründen, woher diese Erinnerungen rühren oder welches schmerzliche Ereignis ihnen zugrunde liegt. Für den Verstand ist dies offenbar schwierig, denn er möchte im Gegensatz dazu alles kontrollieren und verstehen.

Der Verstand ist in diesem Prozess nützlich und spielt eine wichtige Rolle. Er verfügt über seine Willensfreiheit. Er kann die Entscheidung treffen, jegliche Kontrolle und Macht loszulassen und dem inneren Göttlichen zu vertrauen, indem er Ihr höheres Selbst bittet, die Reinigung durchzuführen und Sie von Ihren Erinnerungen zu befreien.

Wenn wir in diese Energie des Ho'oponopono gelangen,

müssen wir darum in der Lage sein, großes Selbstvertrauen zu entwickeln, volles Vertrauen in unsere Seele, damit der Verstand endlich seine Herrschaft und seine Kontrolle aufgeben kann. Der Intellekt macht der Herzensintuition Platz.

Man könnte sagen, dass der Verstand einem Supercomputer gleicht, der so perfektioniert ist, dass Menschen nie einen ebenso leistungsfähigen Computer entwickeln könnten. Doch ein Computer ohne Software und eingegebene Daten wäre ohne jeden Nutzen – nichts weiter als ein leeres Gehäuse.

Der Verstand funktioniert genauso: Ihre Erinnerungen aus der Vergangenheit dienen ihm als Daten auf die er sich stets bezieht, bevor er eine Entscheidung trifft. Dies hat zur Folge, dass Sie Ihr Leben nach Mustern führen, die von der Vergangenheit diktiert werden. Wenn Sie nicht mehr urteilen, das heißt, wenn Sie die »Rezepte« der Vergangenheit nicht mehr benutzen, dann leben Sie im gegenwärtigen Augenblick und sind bereit, sich auf eine neue Wirklichkeit einzustellen, diese zu empfangen – eine Wirklichkeit, die nicht länger der Kontrolle Ihres Ich/Ihres Verstands untersteht, sondern die von Ihrer Seele bestimmt wird.

Erwartungen loslassen

Ho'oponopono zielt darauf ab, uns über unsere Seele mit dem Göttlichen in uns zu verbinden.

Dafür müssen wir jegliche Erwartung aufgeben, denn in der Energie des Ho'oponopono sein bedeutet, dass wir nicht mehr versuchen zu verstehen, und mithin auch, dass wir mit keinem wie auch immer geartetem Ergebnis rechnen. Denn bei einer Erwartungshaltung bringen wir wieder den Verstand mit hinein.

Etwas Bestimmtes erwarten heißt, dass der Verstand eingreift. Und wenn der Verstand wieder die Kontrolle übernimmt, zieht die Seele sich zurück, und nichts passiert. Von diesem Moment an blockiert der Verstand den Prozess. Deswegen muss der Verstand ganz loslassen.

Offenbar ist dieser Aspekt, Erwartungen loslassen, am schwersten umzusetzen, denn dies ist gleichbedeutend mit nichts wollen. Um ein Ziel zu verfolgen und es zu erreichen, haben wir unserer bisherigen Gewohnheit entsprechend bislang zuerst versucht, die Zusammenhänge zu verstehen und die Gegebenheiten zu erforschen, dann erst haben wir gehandelt. Doch damit befinden wir uns im Bereich des Vernünftigen, der vom Denken, vom Verstand und vom Ich abhängt. Außerdem ergibt sich auch die Auswahl des Ziels an sich aus den Überlegungen des Verstands. So funktionieren die Menschen im Allgemeinen.
Um ein anzustrebendes Ziel auszuwählen, schöpft der Verstand aus seiner Datenbank, nämlich aus Erinnerungen oder vergangenen Erfahrungen, so wie ein Computer auf die Daten seiner Festplatte zurückgreift. Und aus genau diesem Grund kommt es so häufig vor, dass der Verstand sich irrt.

Der »leere« Zustand und der gegenwärtige Moment

Der Verstand existiert nur in der Vergangenheit oder in der Zukunft; im gegenwärtigen Moment verliert er jegliche Macht und Kontrolle. Denn in der Gegenwart kann das Denken nicht agieren und gibt daher die Zügel aus der Hand. Darum kennt Ho'oponopono ausschließlich die Zeit des Hier und Jetzt. Im gegenwärtigen Augenblick zu praktizieren und das Denken abzuschalten ist die Voraussetzung dafür, dass es wirkt.

Wenn man Ho'oponopono praktiziert – ich würde sogar sagen, wenn man Ho'oponopono »lebt«, denn es ist ein Geisteszustand –, dann sollten das Loslassen und die Loslösung vollständig sein, um jenen Zustand der Leere, jenen »Nullzustand« zu erreichen, von dem Len spricht. Der Zustand der Leere kann nur im Hier und Jetzt erreicht werden.

Im Zustand der Leere, in dem man nichts mehr will,
kann sich die Inspiration zeigen.

Inspiration kommt von der Seele bzw. dem Göttlichen in uns. Und da das Göttliche genau weiß, was gut für uns ist, ist die Inspiration stets richtig.

Selbstliebe

Es ist wichtig, die Energie der Liebe stets auf einem hohen Niveau zu halten. Denken Sie daher im Alltag stets an die

Ho'oponopono-Formel. Auf diese vier Sätze können Sie in allen Angelegenheiten zurückgreifen. Sobald Sie das Haus verlassen und sich zur Arbeit oder zu einer Verabredung begeben, bitten Sie sofort Ihr höheres Selbst oder das Göttliche, in Ihnen etwaige Ursachen für ein Problem oder Hindernisse in Bezug auf die Personen, die Sie treffen werden, zu reinigen.

Wiederholen Sie die Sätze »Es tut mir leid, bitte verzeih mir, danke, ich liebe dich«, und Sie werden sehen, wie die Magie sich allmählich vollzieht.

Lassen Sie Ihrer Intuition freien Lauf, um Worte und Sätze zu finden, die für Sie am besten geeignet sind. Wenden Sie sich an Ihr inneres Kind, und bitten Sie es, die Erinnerungen freizulassen; danken Sie ihm, und erinnern Sie es daran, dass Sie es lieben. Beruhigen Sie es.

Sprechen Sie dann Ihr höheres Selbst an mit der Bitte, die Ursachen des Problems mithilfe des Göttlichen zu reinigen, zu läutern, und bedanken Sie sich bei ihm.

Sie können sich auch speziell an Ihre Erinnerungen wenden, ihnen mitteilen, dass Sie sie lieben, denn diese Erinnerungen geben Ihnen Gelegenheit, sie zu befreien und mithin sich selbst.

Wenn Sie also mehrmals täglich Ho'oponopono praktizieren, dann werden Sie in sich zunehmend jene wunderbaren Werte entwickeln, die wie Parzellen der Liebe sind: Dankbarkeit, Vergebung, Loslassen, Bescheidenheit, Freude, Nichturteilen, Glaube an sich selbst und Selbstliebe.

So entdecken Sie nach und nach, wer Sie wirklich sind.

Ziel des Ho'oponopono ist es, Sie von Ihren Erinnerungen zu befreien, damit Sie Licht und Erleuchtung erlangen und Freiheit und Frieden erfahren.

Wie wird Ho'oponopono praktiziert?

Hinter jeder Situation, jedem Ereignis, jeder Begegnung in Ihrem Leben verbirgt sich eine Erinnerung. Das Ziel des Ho'oponopono liegt darin, Sie von allem zu befreien, was in Ihrem Leben ein Hindernis oder eine mögliche Ursache für Schmerz, Kummer oder Leid sein könnte.

Die Praxis soll Sie zu einem »Nullzustand« führen, zu einem Zustand der Leere, in dem der Verstand die Kontrolle vollständig Ihrem göttlichen Teil überlassen hat, damit Sie für seine Botschaft empfänglich sind. Gemeinhin wird dies als Zustand der Inspiration bezeichnet. Ziel ist es, so oft wie möglich in diesem Zustand zu sein, damit Sie ständig bereit sind, Neues aufzunehmen.

Die Ho'oponopono-Praxis soll in jedem Augenblick Ihres Lebens ein Reflex sein. Alles, und sei es noch so unbedeutend, sollte mit einem Gefühl der Dankbarkeit, der Vergebung, der Bescheidenheit und der Liebe empfangen werden.

Dazu müssen Sie sich nicht im Geringsten zwingen oder anstrengen. Denn haben Sie sich diesen Reflex erst einmal angeeignet, kommen Ihnen die Worte »*Es tut mir leid, bitte verzeih mir, danke, ich liebe dich*« automatisch in den Sinn oder über die Lippen.

Diese Worte auszusprechen ist weder eine absolute Verpflichtung noch eine unerlässliche Bedingung. Sehr oft sage ich einfach *»Danke, ich liebe dich«* und wiederhole es mehrmals. Sie können die Worte verwenden, die für Sie am besten geeignet sind. Manche sagen *»Licht«* oder *»Ich akzeptiere es«* oder auch nur *»danke«*.

Dementsprechend können Sie, sobald sich irgendeine Unannehmlichkeit bemerkbar macht, den gesamten Prozess in Gedanken oder laut in Worte fassen: »Ich bin gänzlich Schöpfer(in) dessen, was passiert, und ich akzeptiere diese Situation. Ich weiß, dass sie von einer Erinnerung erzeugt wird, und ich beschließe, diese zu befreien. Ebenso bitte ich mein inneres Kind oder mein Unterbewusstsein, diese Erinnerung gehen zu lassen, sie loszulassen. Ich bitte meine Seele, die mit dem Göttlichen in mir in Beziehung steht, diese Erinnerung zu reinigen, um sie zu läutern und sie in Licht zu verwandeln.« Für den gesamten Prozess gilt, dass Sie nicht die geringsten Erwartungen in Bezug auf ein Ergebnis hegen sollten.

In der Praxis genügt es, einfach *»Es tut mir leid, bitte verzeih mir, danke, ich liebe dich«* oder *»Danke, ich liebe dich«* zu sagen, in dem Wissen, dass diese Worte den gesamten Prozess beinhalten.

Ho'oponopono kann in jeder Situation praktiziert werden. Schon morgens beim Aufstehen können Sie damit beginnen, Erinnerungen zu reinigen, und dabei zum Beispiel an die Begegnungen denken, die Ihnen an diesem Tag bevorstehen, selbst wenn Sie nicht wissen, welche davon ein Hindernis oder etwas, was Sie stört, bereithalten. Sagen Sie für jede Begegnung *»Es tut mir leid, bitte verzeih mir, danke, ich liebe dich«*, damit sie für Sie so vorteilhaft wie möglich abläuft.

Sie können Ho'oponopono aber auch im Auto, in der U-Bahn, bei der Arbeit oder in der Familie durchführen: Sobald es zu einer störenden Situation oder zu Meinungsverschiedenheiten kommt, werden diese zu einem Anlass der Reinigung, denn es sind Erinnerungen.

Ho'oponopono so zu praktizieren ist eine wunderbare Art, wie Sie Ihren Weg erhellen können, ein permanentes Loslassen. Um loslassen zu können, müssen Sie jedoch erst die Verantwortung übernehmen. Darauf folgt das Akzeptieren. Letzteres wiederum erreichen Sie, indem Sie sich auf eine höhere Ebene begeben, wo Sie sich ins Gedächtnis rufen, wer Sie sind. Auf diese Weise können Sie beschließen, Ihre Erinnerungen zu befreien, deren Wirken Ihnen im Allgemeinen nicht bewusst ist. Sie erteilen dann dem göttlichen Anteil Ihres Wesens die Erlaubnis zu existieren, und dieser wandelt die Erinnerungen in Liebe um.

Die Macht des Kreierens

Gandhi pflegte zu sagen: »Sei selbst die Veränderung, die du in der Welt sehen willst.« (*»You must be the change you want to see in the world.«*) Da die Welt nur das Spiegelbild dessen ist, was wir selbst sind, ändert sie sich, sobald wir uns ändern. Die Welt, das sind wir!

Was tun Sie instinktiv, wenn in Ihrem Leben etwas Unangenehmes passiert? Sie suchen im Außen nach einem Schuldigen. Dies scheint Ihnen so selbstverständlich richtig und wahr zu sein, dass Sie es noch nicht einmal infrage stellen: Da es außerhalb Ihrer selbst passiert ist, muss auch der Schuldige im Außen sein.

Überdies werden Sie von denjenigen, die Sie regieren und leiten, unaufhörlich dazu ermutigt, nach außen zu blicken. Das führt dazu, dass Sie eine Opferperspektive einnehmen und meinen, die Gefahr käme immer von außerhalb. Alle weisen jegliche Verantwortung von sich, und so werden der Arzt, die Lehrerin der Kinder, der Chef oder der Nachbar wegen Nichtigkeiten vor Gericht gezerrt. Im Bereich der Gesundheit hat man praktische Sündenböcke gefunden wie Viren, Tabak, Umweltverschmutzung und vieles mehr. Das Christentum hat vor langer Zeit den Weg hierfür gebahnt, indem es uns die Vorstellung einimpfte, wir seien von Geburt an Sünder und lebten unter dem strengen Blick eines Gottes, der jederzeit bereit sei, uns zu bestrafen.

Von Geburt an wurde der Archetyp des Opfers fest in uns verankert, und das kommt den Institutionen der Macht – seien sie politisch oder religiös – gelegen.

Was aber geschieht, wenn wir denjenigen, der für unsere Unbilden verantwortlich ist, außerhalb von uns suchen? Wir geben unsere Macht aus der Hand! Da der Verantwortliche woanders ist, geben wir sie ihm und kontrollieren unser Leben nicht mehr.

Schlussfolgerung: Wenn ein äußerer Akteur für Ihr Missgeschick verantwortlich ist, hat er alle Macht über Sie! Und die Kontrolle in die Hände anderer geben – das tun wir unaufhörlich, unser ganzes Leben lang.

In diesem Stadium sagen Sie sich bestimmt: »*Wenn ich für diese Situation verantwortlich bin, die mich stört, wie kann ich sie lösen?*« Denn wenn Sie davon ausgehen, Sie selbst seien der Schöpfer all dessen, was Ihnen widerfährt, dann können Sie Ihre Realität ändern.

In diesem Moment erhalten Sie Ihre Macht zurück, denn Sie gehen davon aus, dass niemand anders als Sie selbst für das, was Ihnen passiert, verantwortlich ist. Es ist nicht mehr die Schuld anderer. Diese sind lediglich in Ihr Leben getreten, um Ihnen zu zeigen, was es in Ihnen zu ändern und zu verbessern gibt.

Keinesfalls sind die anderen verantwortlich. Sie allein sind verantwortlich für das, was in Ihrem Leben geschieht. Für alles!

Darum können Sie sagen: »*Ihr habt nicht die geringste Macht über mich, über mein Leben. Ich bin der Urheber meines Lebens. Ich ändere das, was bewirkt hat, dass mir etwas zugestoßen ist oder mir Leid bereitet hat. Ich kontrolliere mein Leben.*«

Wenn in Ihrem Leben ein Problem auftritt, liegt dann die Lösung Ihres Problems außerhalb von Ihnen? Wenn Sie wollen, dass das Problem nicht weiter besteht, müssen Sie dann versuchen, die anderen zu ändern, die, wie Sie annehmen, die Ursache des Problems sind, das Sie stört? Sehen wir uns die Antwort einmal mithilfe eines Diaprojektors an.

Der Diaprojektor

Ich nehme ein praktisches Beispiel, das Ihnen zeigen soll, was es bedeutet, Ihre Wirklichkeit in jedem Augenblick des Lebens zu kreieren, und das zudem verdeutlicht, inwiefern ein Problem nicht dort zu suchen ist, wo Sie es normalerweise vermuten. Sie wissen, was ein Diaprojektor ist: ein Apparat, der Bilder hintereinander auf eine Leinwand projiziert.

Angenommen, Sie säßen gemütlich mit Freunden zusammen und sähen sich Dias an. Und plötzlich, beim Anblick des letzten Bildes, stört Sie etwas furchtbar: vielleicht die Abbildung einer bestimmten Szenerie, einer Person oder Farben, diverse Formen – es kommt nicht so sehr darauf an, dies genau zu wissen. Was zählt, ist, dass etwas in dem, was Sie sehen, Sie so sehr stört, dass es Sie emotional stark aufwühlt. Dieses Gefühl beeinträchtigt Sie offenbar sehr, denn plötzlich werden Sie von Ihrem Zorn überwältigt, erheben sich und nähern sich dem Bild. Dann bewaffnen Sie sich mit einem scharfen Gegenstand und zerfetzen wutentbrannt die Leinwand. Doch Sie stellen fest, dass das Bild weiterhin zu sehen ist, weil es nun ein Stückchen weiter hinten auf die Wand projiziert wird. Also stürzen Sie sich darauf, mit der erneuten Absicht, dieses Bild, das Sie so irritiert, zu zerstören.

Wenn man Ihnen eine Hacke gäbe, damit Sie die Wand an der Stelle, auf die das Dia projiziert wird, zerschlagen könnten, wäre das eine geeignete Methode, um das Bild verschwinden zu lassen? Ganz sicher nicht! Jeder weiß: Um ein Bild, das von einem Projektor an die Wand geworfen wird, zu wechseln, braucht man einfach nur das Dia im Gerät auszutauschen. Wenn also ein Bild, das der Diaprojektor projiziert, Sie stört, dann liegt die Lösung des Problems nicht auf der Leinwand oder beim Projektor, sondern beim Dia.

Es genügt, das Dia auszutauschen, um ein anderes Bild zu erhalten – und diesmal ein Bild, das Ihnen zusagt.

Meinen Sie, mit Ihnen sei es anders? Ganz bestimmt nicht! Denn Sie funktionieren gewissermaßen wie dieser Projektor. Taucht ein Problem auf, dann suchen Sie die Lösung sofort außerhalb, als sei(en) die Ursache(n) von Ihnen getrennt, als stünde(n) diese in keinerlei Verbindung mit Ihnen. Wenn Sie das tun, suchen Sie aber ganz sicher am falschen Ort, denn die Lösung jedes Problems, mit dem Sie konfrontiert werden, liegt nicht im Außen. Ein Ereignis existiert nämlich nicht unabhängig und außerhalb von Ihnen. Ihre Wahrnehmung dieses Geschehnisses ist in der Tat nur die Widerspiegelung Ihrer Gedanken, Überzeugungen und Erinnerungen.

Wie bei dem Projektor liegt die Lösung Ihres Problems nicht außerhalb, sondern in Ihnen, in Ihrem Inneren; und das unabhängig von der Ursache des Problems.

Sie sind in gewisser Hinsicht ein Diaprojektor – wenn auch zweifellos 1000-mal leistungsfähiger –, denn wie dieser projizieren Sie Bilder, Szenen und Personen, die lediglich das Abbild Ihres Inneren, Ihrer Gedanken sind. Und denken

Sie daran: Je intensiver die Gefühle sind, die mit diesen Gedanken einhergehen, umso schöpferischer sind die Gedanken. Doch woher kommen unsere Gedanken, wenn nicht von unseren Erinnerungen? Diesen Erinnerungen, die dem Ho'oponopono zufolge durch ein ganz einfaches Verfahren gereinigt werden sollen, damit Sie aus ihrem Griff befreit werden und Frieden finden können.

Vergebung öffnet der Liebe die Tür

Die Sätze »*Es tut mir leid, bitte verzeih mir*« sind Teil des Ho'oponopono-Prozesses. Man könnte auch sagen: »*Es tut mir leid, denn ich wusste nicht, dass ich diese Erinnerungen in mir hatte. Verzeih mir, mein inneres Kind, das sehr viel erleiden musste und das ich vernachlässigt habe; verzeih mir, Seele, dass ich dir mein Vertrauen versagt habe; verzeiht mir, Erinnerungen, dass ich euch nicht kannte; und ich bitte auch mich selbst um Verzeihung, dass ich mir aufgrund mangelnder Selbstliebe Leid zugefügt habe … und ich bitte die anderen um Verzeihung, dass ich über sie geurteilt habe.*«

Aus Gewohnheit meinen Sie, Sie müssten anderen vergeben, was diese Ihnen zugefügt haben. Die anderen werden als schuldig betrachtet, während Sie selbst ins Urteilen verfallen. Aber wie soll es denn möglich sein, dass ich andere verurteile, wenn sie lediglich ein Spiegelbild meiner selbst sind? Über andere urteilen heißt über sich selbst urteilen.

Sobald Sie ins Urteilen oder Kritisieren geraten, verschließen Sie Ihr Herz vor der Liebe, der allgegenwärtigen Quelle des Lebens, und Sie lieben nicht mehr. Urteilen führt zu Dualität und Trennung, die Sie von der Energie der Liebe abschotten. Und sobald Sie aufhören zu lieben, strafen Sie sich unmittelbar selbst.

Bitten Sie an diesem Punkt aus einem Gefühl tiefer Aufrichtigkeit heraus diejenigen um Verzeihung, die »anscheinend« Ihre Unannehmlichkeiten verursacht haben, denn indem Sie sie beurteilt haben, haben Sie sie benutzt, um sich der Liebe zu verschließen.

Vergebung ist wesentlich im Ho'oponopono-Prozess,
denn sie befreit Ihre Schattenanteile,
Ihre Ängste und macht Sie offen für die Liebe.

Licht und Schatten

Stellen Sie sich einmal kurz vor, Sie seien in einem fensterlosen Raum. Es gibt eine Tür, deren Ritzen vollständig verstopft wurden. Das Licht ist ausgeschaltet, wodurch das Zimmer ganz in Dunkelheit getaucht ist. Sie sind da, aufrecht, in der absoluten Schwärze dieses Zimmers. Ihre Hand liegt auf der Türklinke. Sie wissen, dass sich auf der anderen Seite ein vollständig erleuchtetes, sehr helles Zimmer befindet.

Sie öffnen unversehens die Tür. Und was geschieht? Sie sind wahrscheinlich geblendet, doch vor allem stellen Sie sofort fest, dass das Licht in jenes Zimmer dringt, in dem Sie sich befanden. Das wundert Sie nicht und ist normal. Und fällt Ihnen im Gegenzug auf, dass etwas in dem sehr hellen Zimmer anders ist? Ist es dunkler geworden? Natürlich nicht. Dieses sehr helle Zimmer ist lichterfüllt geblieben, seine Helligkeit ist unverändert. Es ist immer noch genauso hell.

Solche Fragen mögen Ihnen absurd erscheinen. So etwas versteht sich doch von selbst. Aber dennoch: Dunkelheit, zum Beispiel die des fensterlosen Zimmers, existiert nur durch Nichtvorhandensein von Licht. Nicht wahr? Denn sobald man Licht in ein unbeleuchtetes Zimmer fallen lässt, schwächt sich die Dunkelheit ab und wird weniger dunkel.

Na so was! Soll das etwa heißen, dass die Dunkelheit nicht existiert? Die Wissenschaft weiß alles über das Licht, seine Zusammensetzung, seine Geschwindigkeit etc. Aber hat sie die Dunkelheit erforscht? Unseres Wissens nicht.

Das Dunkle erscheint als Kehrseite des Lichts, als sein Gegenteil. Ebenso wie das Dunkle nur durch Nichtvorhandensein von Licht existiert, können wir sagen, dass unsere Ängste nur durch Nichtvorhandensein von Liebe existieren.

Licht ist überall, und ebenso ist auch die Liebe überall. Sie ist in allem, wohnt allem Existierenden inne. Unsere Ängste sind unsere Schattenzonen, unsere dunklen Anteile.

Kommen wir noch einmal auf die Metapher zurück: Sie stehen im dunklen Zimmer, die Hand auf der Türklinke. Für viele ist die Tür leicht geöffnet, für andere ein bisschen mehr. Aber warum öffnen Sie diese Tür nicht vollständig, um ganz in Licht getaucht zu sein? Warum umklammern Sie immer noch die Türklinke und lassen nicht zu, dass die

Tür sich weit für die Liebe öffnet? Warum klammern Sie sich weiterhin an Ihre Ängste und verschließen sich der Liebe? Es fällt Ihnen schwer, sich von Ihren Gewohnheiten, Erinnerungen zu trennen. Sie haben sich daran gewöhnt, Sie kennen sie, und selbst wenn sie gleichbedeutend sind mit Schmerz und Leid, bewahren Sie sie aus Bequemlichkeit, aus Furcht vor Veränderungen, aus Angst vor dem Unbekannten.

In der Tat, wenn man Ihnen den Weg der Liebe nicht gezeigt hat, wenn man Sie nicht gelehrt hat, sich selbst zu lieben, schlichtweg zu lieben, dann kann echte Liebe beängstigend sein. Diese Aussage mag paradox klingen. Dennoch ist nachvollziehbar, dass alles, was Sie nicht in sich tragen, etwas Unbekanntes ist, und Unbekanntes macht Angst. Wenn die Liebe Ihnen nicht ganz natürlich innewohnt, können Sie keine Liebe anziehen.

Und doch scheint es so leicht zu sein, die Klinke dieser Tür zu betätigen und auf diese Weise von Liebe durchdrungen zu werden. Dafür müssen Sie wahrscheinlich in sich die Fähigkeit zum Loslassen, zur Selbstachtung und zum Vertrauen in Ihre Seele entwickeln. Es geht nicht darum, die Tür zu abrupt zu öffnen, denn das blendende Licht könnte schmerzhaft sein. Jeder sollte es in seinem eigenen Tempo, gemäß seiner eigenen Entwicklung tun.

Vollständiges Vergeben kann uns zum Loslassen führen und befreien. »Echte Vergebung beinhaltet das vollständige Loslassen des Opferbewusstseins.«
(Colin C. Tipping: *Ich vergebe. Der radikale Abschied vom Opferdasein*. Kamphausen: Bielefeld 2004.)

Vollständige Vergebung

Für unseren westlichen, jüdisch-christlich beeinflussten Geist ist Vergebung ein heikles Konzept, denn es schließt uns in die Vorstellung der Schuld ein: »*Wenn ich um Vergebung bitte, bedeutet das, dass ich mich eines Fehlers schuldig gemacht habe.*« Dem Ego widerstrebt es, seinen Fehler anzuerkennen, und noch mehr, um Vergebung zu bitten.

Darum ist es kein leichtes Unterfangen, dem Einfluss solch gewichtiger Erinnerungen zu entkommen, die seit so vielen Jahrhunderten gelehrt werden. Zudem hat es etwas Demütigendes an sich, seine Schuld, seine Fehler anzuerkennen. Doch sobald die Demütigung sich in Demut verwandelt, kann die Vergebung Sie vollständig aus der Opferrolle befreien, indem sie Sie einlädt, Ihre Weltsicht wie auch die Interpretation all dessen, was Ihnen widerfährt, radikal zu ändern.

In der Ho'oponopono-Praxis wenden Sie sich in dem Moment, in dem Sie »*Bitte verzeih mir*« oder »*Vergib mir*« sagen, an sich selbst. In diesem Augenblick erreichen Sie jenen höchsten Zustand, den die Macht der Vergebung verleiht. Diese führt zu einem unbeschreiblichen Glücksgefühl, einer befreienden Erleichterung, einem vollständigen Loslassen. Die Tür Ihres Herzens öffnet sich nun endlich mühelos, das Licht überflutet Sie und ruft eine überwältigende Begeisterung in Ihnen hervor. Es ist wie eine neue Geburt.

Man kann das Verzeihen als zentrale Achse des Ho'oponopono-Prozesses ansehen. Wenn das Bitten um Vergebung mit großer Aufrichtigkeit und in tiefer Bescheidenheit geschieht, dann können Ängste und Widerstände sich allmählich auflösen und Raum lassen für ein Gefühl vollkommener Liebe. Vergebung ist wahrhaftig eine Tür, durch die Sie dem Zugriff des Ego entkommen und in diesen unendlichen Raum der Freiheit und des Friedens – den des Herzens – gelangen können.

Vergebung ist ein Akt der Liebe, der vollständigen Hingabe.

Durch das Geben werden wir »eins« mit der göttlichen Quelle. »Indem wir uns dafür entscheiden, um Vergebung zu bitten, tauschen wir unseren Stolz und die Wichtigkeit, die wir uns selbst zumessen, gegen Bescheidenheit und Einfachheit ein. Wir geben unsere Überheblichkeit, unsere sogenannte Überlegenheit auf, steigen von unserem Elfenbeinturm herab – und plötzlich öffnet sich etwas in uns. Dadurch, dass wir unseren Panzer ablegen, unsere Anklagen loslassen, finden wir unsere Freiheit wieder.« (Olivier Clerc: *Die Gabe des Verzeihens. Eine magische Begegnung mit Don Miguel Ruiz.* Ennsthaler: Steyr 2012.)

Der goldene Buddha

Die Liebe ist überall, sie gewährleistet den Zusammenhalt, die Einheit und die Verbundenheit aller Dinge, des Universums, aller lebenden Organismen, ob es uns bewusst ist oder nicht.

Alles ist Liebe, wir sind Liebe.

Was hindert uns dann daran, dieses Wunderbare, diesen Schatz in uns zu erreichen? Es sind unsere Ängste. Die Ängste wirken wie ein Schutzpanzer, eine Konstruktion des Ich. Es ist eine gesellschaftliche Maske, die es uns ermöglicht, uns der Welt zu präsentieren.

Hier eine kleine Geschichte, die das veranschaulicht. Sie hat sich in Thailand zugetragen.

1957 wurde eine Gruppe von Mönchen mit der Aufgabe betraut, einen riesigen Buddha aus Ton von einem Tempel in einen anderen zu befördern. Ihr Kloster musste verlegt werden, damit eine Autobahn durch Bangkok gebaut werden konnte. Ein Kran war erforderlich, um den enormen Buddha anzuheben. Er war jedoch so schwer, dass sich Risse bildeten. Dann begann es auch noch zu regnen. Bemüht, die Statue zu schützen, stellten die Mönche sie auf dem Boden ab und bedeckten sie mit einer großen Plane.

Nachts wollte der leitende Mönch den Zustand der Buddha-Statue prüfen. Als er beim Licht einer Taschenlampe nachsah, ob sie auch trocken geblieben war, bemerkte er dort, wo sich die Risse gebildet hatten, einen leuchtenden Widerschein. Das machte ihn stutzig. Er sah noch einmal genauer hin, und es schien ihm, als sei unter dem Ton etwas anderes verborgen. Sofort holte er Hammer und Meißel und machte sich daran, dort, wo der Riss war, Tonstücke abzuschlagen. Je weiter er mit seiner Arbeit vorankam und je mehr Tonscherben zu Boden fielen, umso mehr glänzte der Buddha.

Am Ende der Arbeit einer ganzen Nacht, nachdem der Mönch alle Lehmschichten um den Buddha herum entfernt hatte, sah er zu seiner immensen Überraschung einen wunderschönen Buddha aus massivem Gold vor sich.

Historikern zufolge hatten Mönche den Buddha einige Jahrhunderte zuvor, kurz vor dem Einfall der burmesischen Armee in Siam (später Thailand), mit einer dicken Lehmschicht bedeckt, weil ihnen zu Ohren gekommen war, dass ein Angriff bevorstand, und sie ihren kostbaren Buddha vor Raub schützen wollten. Alle Mönche kamen bei dem Angriff ums Leben, und so blieb der Buddha verlassen zurück. Sein Geheimnis kam erst 1957 ans Licht.

Jahrhundertelang zeigte der Buddha
seinen groben, aber dennoch soliden Panzer
und verbarg seinen inneren Schatz.

Hier haben wir eine schöne, tief symbolische Geschichte, denn sie zeigt, dass auch Sie, ebenso wie der Gold-Buddha, von einem Panzer umhüllt sind. Der gesamte Panzer wurde von Ihrem Ich unter dem Einfluss Ihrer Ängste geschaffen.

Das Reinigen der Erinnerungen

Im Allgemeinen hassen wir die Lehmschicht, die uns umgibt, diesen Panzer aus Ängsten, Überzeugungen und Erinnerungen. Trotzdem geben wir ohne Weiteres zu, dass der Gold-Buddha seiner Lehmhülle sicherlich grenzenlose Liebe und Dankbarkeit entgegenbrachte, weil sie ihm so viele Jahre Schutz vor Plünderern geboten hatte.

Genauso sollen Sie Ihre Ängste bezwingen und dann lieben, denn deren verborgene Gestalt enthält einen Schatz. Ist es nicht Ihre individuelle Mission, diesen Panzer, diesen Schleier abzuwerfen, der Sie daran hindert, herauszufinden, wer Sie wirklich sind?

Diese Hülle erscheint so als Behältnis einer göttlichen Botschaft, die Sie in Ihrer Entwicklung leiten soll. Bis dahin hat sie ihre Funktion erfüllt, Sie zu beschützen. Durch das Ausloten Ihrer Ängste in all ihren Facetten können Sie nach und nach die Facetten der reinen Liebe enthüllen, die Ihre innere Göttlichkeit bilden.

Der Mönch hat Hammer und Meißel eingesetzt. Ihnen steht das wunderbarste aller Werkzeuge zur Verfügung: Mit Ho'oponopono werden Sie alle »Lehmschichten« reinigen können – Ihre Erinnerungen.

Der Mönch förderte das massive Gold
im Inneren des Buddha in einer Nacht zutage.
Ihnen wurde das ganze Leben gegeben.

Stärken Sie Ihre Geduld, Ihr Selbstvertrauen, Ihre Dankbarkeit, die Liebe zu sich selbst und zu anderen, und die tägliche Ho'oponopono-Praxis wird Sie allmählich von Ihren Erinnerungen befreien und Ihnen helfen, im Lauf Ihrer Entwicklung Ihren inneren »Schatz« zu finden: das Lichtwesen, das Sie in Wirklichkeit sind.

Die Liebe ist in der Einheit

Wir können uns das Universum als ein riesiges Puzzle vorstellen. Jede Pflanze, jedes Lebewesen, Sie, ich, jeder Planet: Alles Existierende bildet jeweils ein Puzzleteil. Jeder Bestandteil stellt eine Parzelle des »Ganzen« dar, das man als universelle Energie, universelles Bewusstsein, universelle Liebe, die Urquelle oder … als Gott bezeichnet. Wie man es nennt, spielt keine Rolle. Jeder Teil ist wesentlich, um das Ganze zu bilden. Ebenso wie jede Schattenzone und jede Lichtzone für den Aufbau unserer Persönlichkeit in ihrer Gesamtheit unerlässlich ist, so ist jedes Lebewesen unabdingbar für die Zusammensetzung der universellen Energie.

Richtet man einen Strahl weißen Lichts auf ein Glasprisma, so wird das Licht gebrochen und tritt als Regenbogen wieder aus. Kehrt man den Vorgang um und projiziert farbiges Licht auf das Prisma, dann sammeln sich alle Farben und bilden wieder weißes Licht. Um dieses vollkommene weiße Licht erneut zu erhalten, müssen alle Farben des Spektrums vorhanden sein. Angenommen, man würde eine einzige Schwingung aus der Gesamtheit aller Farben entfernen, und sei es nur eine winzige Parzelle, dann kann natürlich bei demselben Verfahren kein vollkommen weißes Licht mehr herauskommen.

Stellen wir uns einmal vor, jeder Mensch wäre eine dieser Farben. Dann sehen wir: Wenn nur einer dieser Menschen zurückgewiesen, ausgeschlossen wird, weil er »nicht geliebt« wird, dann kann die Menschheit nicht die vollkommene, bedingungslose Liebe erlangen, denn wir alle sind miteinander verbunden, vereint in einer einzigen Energie: der Liebe.

Akzeptieren Sie, dass die anderen ein Teil von Ihnen sind.

Jeder Mensch muss zudem alle Facetten erkennen und annehmen, die ihn selbst in seiner Gesamtheit ausmachen, sei es Hass, Zorn, Gier oder Freude, Frieden etc.

Weiß ist nicht das Nichtvorhandensein von Farbe, sondern, im Gegenteil, eine Mischung aller Farben. So ist die Liebe die Gesamtheit all unserer Werte und all unserer Schattenanteile. Sie umfasst alles.

Es gibt weder Gut noch Böse, ebenso wenig, wie es Unzulänglichkeiten und positive Eigenschaften gibt. Es gibt einfach Ihre Erinnerungen, die das strahlende Lichtwesen, das Sie sind, verdecken.

KAPITEL 2

Von der Welt der Psyche zur Quantenrealität

Luc Bodin

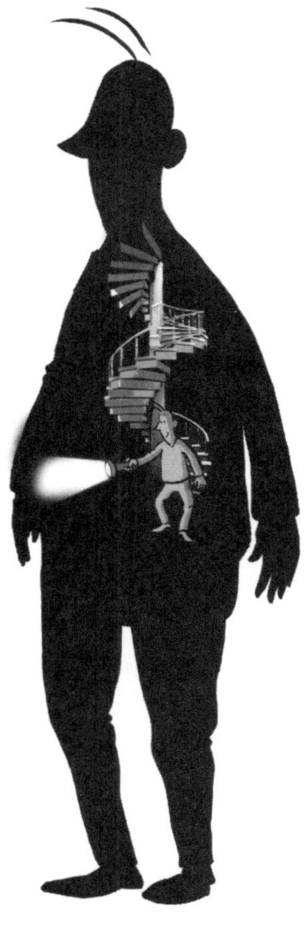

Falsche Erinnerungen, erklärt durch NLP

»Fürchte dich nicht vor dem langsamen
Vorwärtsgehen,
fürchte dich nur vor dem
Stehenbleiben.«
CHINESISCHES SPRICHWORT

Im Rahmen von Vorträgen über Ho'oponopono wird oft hervorgehoben, dass es sich dabei um eine Technik handelt, mit der man falsche Erinnerungen löschen kann. Letztere verursachen unangenehme Situationen, die uns im Alltag begegnen. So befreit Ho'oponopono uns von dem Klotz am Bein, den wir – häufig, ohne es zu merken – hinter uns herziehen und der unseren Elan bremst und unser Urteilsvermögen trübt.

In solchen Reden wird allerdings nie erklärt, was besagte »falsche Erinnerungen« überhaupt sind. Ihren Ursprung zu kennen ist aber entscheidend, um ihre Funktionsweise zu verstehen, aber auch, um nachzuvollziehen, warum es so wichtig ist, sie zu löschen.

Durch Neurolinguistisches Programmieren[1], bekannter unter der Abkürzung NLP, ist es möglich, den Ursprung dieser störenden Erinnerungen zu erfassen. NLP erklärt,

1 Neurolinguistisches Programmieren: Sammlung von Kommunikationstechniken und Methoden zur Persönlichkeitsentwicklung, die in den 70er-Jahren von John Gringer und Richard Bandler in den USA entwickelt wurden. NLP ermöglicht den Anwendern, ihre Blockaden aufzulösen und Schwierigkeiten zu überwinden.

dass all unsere Lebenseinstellungen, Entscheidungen und Entschlüsse unmittelbar mit unseren Werten[2] und Überzeugungen[3] verknüpft sind. Wenn für Sie zum Beispiel gesellschaftlicher Erfolg wichtig ist, liegt es auf der Hand, dass Sie nicht dieselben Entscheidungen treffen wie ein Mensch, für den es wesentlich ist, anderen zu gefallen und geliebt zu werden.

Wie alle anderen tragen Sie Werte und Überzeugungen in sich, die für Sie wesentliche Lebensregeln sind. Die meisten stammen von Ihren Eltern und aus Ihrer frühen Kindheit. Sie können jedoch im Lauf Ihres Lebens, je nach Ihren Erfahrungen und Begegnungen, geändert, umgewandelt, ausgelöscht oder modifiziert werden.

Diese Werte und Überzeugungen sind für uns zu etwas Selbstverständlichem geworden, wie »Der Himmel ist blau« oder »Der Rasen ist grün«. Sie sind jedoch ganz und gar subjektiv und unterscheiden sich von Mensch zu Mensch. Sie sind so stark in uns verwurzelt, dass uns noch nicht einmal bewusst ist, dass sie subjektiv sind. Denn auch wenn sie anfangs nur Postulate waren, so sind sie nach und nach zu

2 Wert: Wichtigkeit (mitunter auch übertriebene), die jemand einer Sache, einer Eigenschaft, einer Verhaltensregel beimisst und die sein Leben leitet bzw. bestimmt. Das kann Ehrlichkeit sein, Vertrauen oder das Streben nach Erfolg, das Bedürfnis nach Anerkennung usw.

3 Überzeugung oder Glaube: die Tatsache, dass man an etwas glaubt, selbst wenn kein objektiver Beweis dafür vorhanden ist. Dazu gehört der Glaube an Gott; daran, dass das Universum auf unsere Zerstörung aus ist, dass das Leben schwierig ist usw.

Elementen geworden, die in unseren Augen grundlegend sind, und sie bestimmen gegenwärtig unser Leben. Dazu gehören beispielsweise Dinge wie ein gegebenes Versprechen einzuhalten, Ehrlichkeit, sozialer Erfolg, Freundlichkeit, Streben nach Macht, die Familie, Arbeit, Bedarf an Geld, Leistungsfähigkeit, Streben nach Anerkennung etc. All diese Postulate sind nach und nach grundlegende, automatische, oft unbewusste Mechanismen geworden – und sie bilden einen großen Teil Ihrer Erinnerungen.

Unter diesen kann eine gewisse Anzahl unzutreffend sein, einschränkend und sogar täuschend. Das sind die falschen Erinnerungen, die zu unvernünftigen Entscheidungen und widersinnigem Verhalten führen. All das, weil Ihre Weltsicht durch einen Filter verfälscht wird, der aus irrationalen Überzeugungen und Werten besteht. Wenn Sie zum Beispiel meinen, die Welt wolle Ihnen Übles und sei darauf aus, sie zu zerstören, dann fällt es Ihnen sehr schwer, Ihr Haus zu verlassen, ins Kino oder ins Theater zu gehen, zu reisen oder sich einfach nur mit anderen zu treffen – was Sie, wie Sie zugeben, in Ihren täglichen Aktivitäten, aber auch in Ihrer persönlichen Entwicklung stark blockiert.

Zu diesen Überzeugungen und trügerischen Werten gesellen sich Ängste, die ebenfalls Ihre Aktivitäten und Lebensentscheidungen erheblich einschränken. Diese drei Elemente liegen den meisten Ihrer »falschen Erinnerungen« zugrunde.

Betrachten wir nun näher, worum es geht.

➤ *Ängste*[4] kommen hauptsächlich von den Ängsten der Eltern oder anderen nahestehenden Menschen (Familie, Freunde, Lehrer) her, die sie den Kindern übermitteln, oft ohne dass es ihnen bewusst ist (oder sogar in dem Glauben, diese davor zu bewahren).

> So wird einem Kind schon allein dadurch, dass man sagt *»Hab keine Angst vor dem Gewitter!«*, die Angst vor dem Gewitter nahegelegt. Niemand würde jemals sagen *»Fürchte dich nicht vor dem Apfel!«* oder *»Du brauchst keine Angst vor der Wolke am Himmel zu haben!«*. Schon allein die Aussage *»Hab keine Angst vor …!«* gibt dem Kind unmittelbar zu verstehen, dass es in dieser Situation allen Grund hat, sich zu fürchten – und das, obwohl der Erwachsene das Kind eigentlich von diesem Gedanken abbringen wollte!

Doch solche Vorgänge können auch subtiler und auf der nicht verbalen Ebene ablaufen. Denn Unausgesprochenes wird von Kindern ebenfalls deutlich wahrgenommen. Bisweilen spüren sie die Angst ihrer Eltern allein durch deren Verhalten. Dazu gehört zum Beispiel die Furcht vor einer

---

4 Angst: *»Affektzustand, bei dem eine Gefahr erwartet wird, auf die sich die Psyche bereits vorbereitet hat. Stellt eine der menschlichsten und häufigsten Erscheinungen des normalen … psychischen Lebens dar. … [Es] kann Angst gemeint sein, die sich in einfühlender Weise auf einen Gegenstand richtet (Objektangst, Realangst, Furcht) oder unbestimmt bleibt (objektlose oder frei flottierende Angst). […]«*: Uwe Henrik Peters: Art. *Angst*. in: *Lexikon Psychiatrie, Psychotherapie, medizinische Psychologie*. Urban & Fischer Verlag: München 6. neu bearb. u. erw. Aufl. 2007. S. 35.

Menschenmenge in großen Geschäften. Ohne dass diese Angst ihnen mitgeteilt wird, registrieren die Kinder sie und übernehmen sie für sich selbst.

Ängste bilden sich auch im Lauf des Lebens, je nach den Erfahrungen, die man macht. Unfälle, Trauerfälle, Entlassungen, Trennungen, Aggression sind durchaus Situationen, die einen Menschen schwächen oder verunsichern und Ursache für spätere Ängste sein können: Angst vor Autounfällen, Angst, sein Kind zu verlieren, Angst vor Entlassung, Angst, von dem/der Partner(in) verlassen zu werden.

Ängste blockieren Menschen im Leben und hindern sie daran, sich selbst zu verwirklichen.

➤ *Werte* wirken sich ebenfalls unmittelbar darauf aus, wie wir unser Leben führen und organisieren. Jeder Mensch orientiert sich an fünf bis zehn Werten. Sie bilden die Grundlage, auf der die Lebensführung basiert. Unbequem daran ist, dass manche dieser Werte unter Umständen einschränkend oder lebensfremd sind und unsere Entwicklung blockieren (wie eine zu strenge Doktrin) oder unsere Wirklichkeit entstellen können (wie »stets nett sein«).

> Einer jungen Frau wurde in ihrer Kindheit eben dieser Wert (»nett sein«) eingeimpft. Ihre Mutter sagte ihr häufig: *»Oh, Sylvie, sei doch so nett und geh zur Bäckerei Brot kaufen«* oder *»Sei ein liebes Mädchen, Sylvie, und hol mir meine Brille aus dem Esszimmer, ich habe sie dort liegen gelassen …«* Diese kleinen, täglich wiederholten Sätze haben bei der Frau eine goldene Regel erzeugt: *»Immer nett*

> *sein«* – zu allen! Das hat ihr in ihrem Liebesleben und auch in ihrem Leben als Frau, in dem sie nicht Nein sagen konnte, allerhand Kummer bereitet. Ihre Nettigkeit führte dazu, dass sie drei Männer heiratete, für die sie keine besonders liebevollen Gefühle hegte – doch sie hatte nie gewagt, Nein zu ihnen zu sagen. Das wiederum führte zu drei Scheidungen hintereinander, gefolgt von einem Single-Leben voller Schmerz und Leid. Bis zu jenem Tag, an dem ihr klarwurde, dass all diese Situationen das Ergebnis einer falschen Erinnerung waren, die sie in sich trug, nämlich der, »immer nett zu sein«. Und da wurde sie endlich sie selbst. Sie fühlte sich wirklich lebendig, und ihre Herzensprobleme lösten sich.

Die meisten Werte leiten sich von denen der Eltern ab. Sie sind sogar überwiegend ein Amalgam aus den Werten des Vaters und der Mutter, weil wir stets versuchen, dem Vater und der Mutter Freude zu machen, um ihre Anerkennung zu erhalten – und das ganz unbewusst. Doch manche Werte können sich auch im Lauf des Lebens entwickeln, je nachdem, was man erlebt und welche Erfahrungen man gemacht hat.

➤ *Überzeugungen* und *Glaube* sind nicht bewiesene – und oft nicht nachprüfbare – Informationen, die von der betreffenden Person jedoch als wahr angesehen werden. Sie werden größtenteils in der Erziehung von den Eltern, der Familie, nahestehenden Menschen und Lehrern grundgelegt. Andere wiederum bilden sich im Lauf des Lebens je nach

Erfolgen, Niederlagen und Situationen, mit denen man konfrontiert wird.

Überzeugungen sind Elemente, die jeder Einzelne zum Verständnis und zur Gestaltung seines Lebens heranzieht. Das kann zum Beispiel der Glaube sein, die Welt sei gefährlich, oder die Überzeugung, man solle nie seine Gefühle zeigen, man sei nichts wert, der Glaube an die Existenz einer göttlichen Gerechtigkeit, an die Wiedergeburt usw. Eine Überzeugung, ein Glaube ändert die Art und Weise, wie wir das Leben sehen und auffassen. So lag uns vor vielen Jahren Johnny Hallyday mit einem Song in den Ohren: *»Ich habe ein Problem, ich glaube, dass ich dich liebe« (»J'ai un problème, je crois bien que je t'aime«).* Diese Botschaft hat sich im Geist zahlreicher Jugendlicher festgesetzt: *Ich liebe = Problem.* So etwas kann eine Ursache für Überzeugungen sein, die für das Entwickeln eines Liebeslebens nicht sehr erstrebenswert sind.

Überzeugungen können zahlreiche verschiedene Aspekte annehmen. Einer der bekanntesten ist der religiöse Glaube. Es gibt nicht den geringsten Beweis, dass ein Gott existiert – oder nicht existiert –, und dennoch glaubt die betreffende Person daran, und dieser Glaube ist häufig unzerstörbar. Man braucht nur zu sehen, wie viele Menschen auf der Welt im Namen der Religion gestorben sind. Das zeigt, wie einflussreich Glaubensüberzeugungen sind.

Ängste, Werte und Überzeugungen sind also subjektive Elemente, die uns innewohnen und unser Leben und Schicksal steuern. Sie bedingen auch unsere Gedanken und ziehen – durch das Gesetz der

Resonanz – entsprechende Situationen an, das heißt Situationen derselben Art wie sie.

Harmonische Werte und Überzeugungen werden Situationen anziehen, die für Sie und Ihre Entwicklung günstig sind. Demgegenüber ziehen Ängste und entstellte Werte und Überzeugungen genau die Geschehnisse in Ihr Leben, die sie eigentlich hofften, vermeiden zu können: Situationen, die für Sie sehr unangenehm sein werden.

Ängste, Werte und Überzeugungen sind das, was Ho'oponopono »falsche Erinnerungen« nennt.

Von der anderen Seite betrachtet, bedeutet dann die Tatsache, dass Sie eine unangenehme Situation durchleben, dass dahinter eine Angst, ein unangemessener Wert oder eine Überzeugung (falsche Erinnerung) steht. Wenn Sie sich dies bewusst machen, haben Sie die Wahl, diese zu behalten oder zu löschen. Denn Sie können durchaus der Ansicht sein, dass Ihr Wert »Ehrlichkeit« gut ist und dass Sie ihn bewahren wollen. Sie können davon ausgehen, dass Ihre Angst vor der Welt, die Sie umgibt, gerechtfertigt ist und dass es gut für Sie ist, diese Angst zu bewahren. Sie können es durchaus so sehen, dass Ihre Überzeugung, Sie seien nichts wert, normal ist und dass es gut ist, sie beizubehalten.

Genau hier liegt Ihr freier Wille.

Doch Sie könnten auch der Ansicht sein, dass solche Werte und Überzeugungen Filter sind, die Ihre Sicht des Lebens und Ihr Urteilsvermögen ebenso sehr verfälschen, wie sie Ihre Entwicklung und Ihre volle Entfaltung bremsen oder sogar verhindern. Sie könnten auch den Wunsch haben, die unangenehme Situation zum Verschwinden zu bringen. Ist das der Fall, dann beschließen Sie, die Erinnerungen, die Sie als falsch oder störend ansehen, auszulöschen, indem Sie Ho'oponopono durchführen. Das eliminiert sie dank der Energie der Liebe.

Konfliktsituationen

»Wenn eine innere Situation nicht bewusst gemacht wird, erscheint sie im Außen als Schicksal.«
C. G. JUNG

Konflikte[5] – das heißt Sorgen, Ärgernisse, Probleme, Unannehmlichkeiten, Angst um sich oder andere – sind im Leben häufig, um nicht zu sagen, sie ergeben sich zwangsläufig. Sie laufen immer in zwei Phasen ab:

➤ *Die Phase des aktiven Konflikts*, also die Periode, in der sich noch keine Lösung des Problems gefunden hat. Er ist immer noch präsent und geht Ihnen fortwährend im Kopf herum. Ihre gesamte Aufmerksamkeit ist auf das Problem

---

5 Konflikt: Das Wort »Konflikt« ist nicht im Sinne von »Kampf« zu verstehen. Es wird hier im Sinne von »Situation, die Probleme aufwirft« verwendet. So bedeutet ein Konflikt mit dem Partner nicht unbedingt eine Meinungsverschiedenheit mit ihm. Es kann auch bedeuten, dass man sich Sorgen um seine Gesundheit, wegen Problemen am Arbeitsplatz oder wegen anderer Dinge macht.

fokussiert – was es tendenziell vergrößert –, während Sie gleichzeitig alles, was um Sie herum geschieht, vergessen. Diese ausschließliche Konzentration darauf hilft Ihnen nicht, den Ärger zu relativieren, und noch weniger, eine Lösung herbeizuführen. Auf diese Weise kann der Konflikt Monate, Jahre oder sogar ein ganzes Leben lang fortdauern.

In dieser Situation sollten Sie zunächst auf Distanz zu dem Problem gehen, zum Beispiel, indem Sie sich auf andere Gedanken bringen (Ferien, Hobbys, Unternehmungen ...), aber auch, indem Sie sich bewusst machen, dass Sie selbst – und nur Sie – Schöpfer dieser Lage sind und dass diese das Ergebnis einer Ihrer falschen Erinnerungen ist, die mithilfe von Ho'oponopono wirksam gelöscht werden kann, wenn Sie es wollen. Denn es genügt, dass *Sie* sich ändern, damit die *Situation* sich ändert. Sie brauchen nicht mehr darauf zu warten, dass sich bei den anderen etwas ändert. Sie sind kein Opfer mehr. Sie sind wahrhaftig Herr über Ihr Leben.

➤ *Die Phase der Konfliktlösung* bildet den zweiten Abschnitt. Die betreffende Person hat in sich – mit oder ohne Ho'oponopono – die nötigen Ressourcen entdeckt, um das Problem zu überwinden oder eine Lösung dafür zu finden. Dann kommt die Phase der Genesung und Erholung, die oft mit Müdigkeit und vorübergehenden Infektionen einhergeht.

Doch manche gelösten Konflikte haben psychische Nachwirkungen, wie es auch bei bestimmten körperlichen Krankheiten der Fall sein kann. Diese Nachwirkungen können sogar neue Überzeugungen, Ängste oder Werte programmieren, von denen manche auch hier unter Umständen wieder stören und Ursache falscher Erinnerungen sind. Das kann zum Beispiel eine Entlassung aus wirtschaftlichen Gründen sein, die letztendlich von dem Betroffenen zwar akzeptiert wird, ihn jedoch verunsichert und dazu verleitet, sich selbst herabzusetzen oder ständig zu fürchten, in der nächsten Anstellung erneut entlassen zu werden. Auch hier trägt Ho'oponopono dazu bei, solche störenden Gefühle zu überwinden.

Dementsprechend kann Ho'oponopono bei einem Konflikt zum einen dadurch förderlich wirken, dass es die falsche, das Problem verursachende Erinnerung löscht; zum anderen aber auch dadurch, dass es falsche Erinnerungen tilgt, die sich als Folge des Problems gebildet haben. Das sind die Konsequenzen des Ereignisses. Wir könnten sagen, dass es sich um *falsche Erinnerungen* handelt, *die aus falschen Erinnerungen hervorgegangen sind.* Hier zeigt sich, wie Situationen mit der Zeit schließlich immer komplizierter und verflochtener werden.

Beispielsweise wird einer Person mehrmals wegen ihrer Überzeugung (falschen Erinnerung), sie sei »nichts wert«, gekündigt. Diese wiederholten Entlassungen erzeugen bei ihr neue falsche Erinnerungen wie die »Angst vor neuer Entlassung«, die »Angst, kein Geld zu haben« oder sogar die Überzeugung,

»die Welt ist schlecht« usw. So bilden sich neue falsche Erinnerungen im Anschluss an die Ereignisse, die von einer alten falschen Erinnerung ausgelöst wurden. Dies kann die Ursache eines endlosen Teufelskreises sein.

Darum muss man bei einem unangenehmen Ereignis Ho'oponopono mehrmals anwenden, um zu erreichen, dass *alle* daran gekoppelten Erinnerungen gelöscht werden. Ikeheara Hew Len praktizierte Ho'oponopono jeden Tag in seinem Büro, vertieft in seine Patientenakten, doch erst nach mehreren Monaten Wartezeit waren erste Ergebnisse darin erkennbar, dass es den Patienten besser ging.

Hinter einer schwierigen Situation können sich zahlreiche falsche Erinnerungen verbergen. Erst wenn all diese Erinnerungen gelöscht sind, bessert sich die Situation.

Der Konfliktkreislauf

»Suche nicht, die Welt zu verändern, sondern entscheide dich, dein Denken über die Welt zu ändern.«
JESHUA, EIN KURS IN WUNDERN

Vielleicht ist Ihnen entgangen, dass unangenehme Situationen in Ihrem Leben die ärgerliche Tendenz haben, sich zu wiederholen, zum Beispiel eine Abfolge von Kündigungen, wiederholte emotionale Trennungen, Geldmangel, Fehlschläge im Studium ... Dadurch könnten Sie den Eindruck gewinnen, das Leben habe sich gegen Sie verschworen. In Wirklichkeit ist dem aber nicht so. Die Ursache liegt nicht darin, dass das Universum Ihnen übel gesinnt ist, sondern darin, dass Sie bestimmte Ängste, Überzeugungen oder Werte in sich tragen, die Ihre Gedanken trüben und – durch Resonanz – unangenehme Situationen anziehen, die damit in Verbindung stehen. Da Sie aber immer im selben negativen Denken verharren, ziehen Sie immer wieder dieselben Konfliktsituationen an. Logisch!

Dementsprechend kommt ein Konflikt bei Weitem nicht aus heiterem Himmel, sondern hat im Allgemeinen Vorläufer, das heißt, Sie waren bereits früher mit Konflikten dieser Art konfrontiert, die Sie vernachlässigt und daher nicht gelöst haben. Da die falsche Erinnerung nicht gelöscht wurde, ist sie immer noch aktiv und zieht weiterhin identische neue Situationen auf sich, was einen »Konfliktkreislauf« herbeiführt.

Der persönliche Konfliktkreislauf

Dieser Mechanismus erklärt, warum Sie immer wieder Konfliktsituationen derselben Art kreieren. Im Allgemeinen hat Ihre falsche Erinnerung in Ihrem Leben anfangs kleine Unannehmlichkeiten erzeugt wie Missgeschicke, Kränkungen oder kleine Niederlagen. Diese waren schnell vergessen, und oft sind Sie ihren Ursachen nicht weiter nachgegangen. Die falsche Erinnerung hat sich also dauerhaft in Ihrem Kopf festgesetzt. Nach einiger Zeit manifestiert sie sich erneut und erzeugt eine neue Situation desselben Typs, doch häufig unangenehmer als die vorhergehende ... und wenn diese auch wieder unbeachtet bleibt, legt sie sich mit der Zeit, und das Problem verschwindet auch diesmal. Doch die Erinnerung bleibt! Später bringt sie neue Konflikte hervor, die stets ein bisschen stärker sind als die vorhergehenden. Vernachlässigt, werden diese im Lauf der Jahre immer heftiger und ausgeprägter, bis sie schließlich drastische Situationen auslösen wie Scheidungen, Unfälle, schwere Krankheiten oder Trauer.

Die Lösung besteht darin, bewusst zu erkennen, dass diese wiederholten Konflikte von einer falschen Erinnerung in Ihnen herrühren, die gelöscht werden muss, wenn Sie diesen wiederholten Konflikten ein Ende setzen wollen.

So heiratete eine junge Frau zweimal und ließ sich zweimal aus demselben Grund wieder scheiden: Ihr Mann schlug sie. Nach der zweiten Scheidung war sie mit einem jungen Mann zusammen, der nach kurzer Zeit ebenfalls begann, sie zu schlagen. Angewidert von der männlichen Spezies, lebte sie daraufhin nur noch mit ihrem Sohn zusammen – der seinerseits begann, sie zu schlagen! Diese Frau musste verstehen, dass all diese Situationen von einer falschen Erinnerung erzeugt worden waren, die sie in sich trug und die sie löschen musste, wenn sie wollte, dass eine solche Situation nie wieder auftreten sollte (was natürlich das Verhalten der Männer keinesfalls entschuldigt).

Bedenken Sie auch Folgendes: Wären Sie, statt das Drama abzuwarten, schon bei den ersten unangenehmen Ereignissen zum Löschen übergegangen, dann hätten Sie sich sehr viel Verdruss erspart. Darum ist es wichtig, dass Sie Ho'oponopono für alle unangenehmen Ereignisse durchführen, die in Ihrem Leben auftreten: geringfügiger Kummer, ein Ärgernis, eine schlechte Erinnerung, die in Ihnen aufsteigt, Traurigkeit, ein unangenehmer Gedanke, eine schlechte Nachricht ... Denn durch das Löschen der Erinnerung wird vermieden, dass sie zu einem späteren Zeitpunkt unangenehmer und heftiger wiederkommt.

Diese Konflikte kehren oft in regelmäßigen Intervallen wieder, wobei der zeitliche Abstand je nach Situa-tion und Person variiert. Obwohl die Konstellation jedes Mal eine andere ist, sind die Konflikte hingegen immer von derselben Art; doch sie sind auch immer noch heftiger als die vorhergehenden – als wollten sie die betroffene Person dazu zwingen, zu erkennen, dass sie eine falsche Erinnerung in sich trägt.

Der Ursprung des ersten Konflikts

Der erste Konflikt eines Kreislaufs kann aus jedem beliebigen Moment im Leben eines Menschen entstehen. In den meisten Fällen beginnt er in der Kindheit – sogar in der frühen Kindheit. So stößt man auf Kinder, die häufig von ihren Kameraden verprügelt wurden, die Schulprobleme hatten oder selbst gewalttätig waren.

Doch der Ursprung des ersten Konflikts kann noch weiter zurückliegen, zum Beispiel könnte es der Tag der Geburt sein oder ein noch früherer Zeitpunkt, während der Zeit im Mutterleib. Solche Konflikte sind sehr viel häufiger, als gemeinhin angenommen.

➤ Im Mutterleib *(in utero)* spürt das Kind alles, was die Mutter fühlt und erlebt: Beziehungsprobleme, physische oder psychische Gewalt, Ängste, Kummer, die Gefahr einer Fehlgeburt – der Fötus registriert alles. Überdies stellen sich viele Paare, wenn sie von der Schwangerschaft erfahren, die Frage, ob sie das Kind behalten wollen oder nicht. Das ist für den Fötus ein furchtbares Trauma und erzeugt Ängste. Es gibt viele Kinder, deren Vater oder Mutter sie nicht wollten, was ebenfalls zu Ängsten und störenden Überzeugungen oder Werten führt.

➤ Die Geburt stellt – zusätzlich zu ihrer für Mutter und Kind physisch traumatisierenden Seite – den ersten Trennungskonflikt für das Neugeborene dar: die Trennung von der Mutter, die während der Schwangerschaft alles für den Fötus war. Denn während dieser Zeit sicherte sie ihm Liebe, Nahrung, Wärme und Schutz. Danach wiederholt sich dieser Trennungskonflikt häufig: Trennung beim Kindergarten- oder Schulbesuch, um zur Arbeit zu gehen, zu heiraten, bei der Scheidung, beim Umzug …

So können die ersten Konflikte und mithin die ersten falschen Erinnerungen aus der Zeit im Mutterleib oder vom Tag der Geburt stammen. Solche Situationen kommen sogar recht häufig vor.

Doch der Ursprung des Konfliktkreislaufs kann zeitlich noch weiter zurückliegen. Im folgenden Abschnitt wollen wir uns damit beschäftigen.

Der Konfliktzyklus der Familie

Einige Autoren wie Anne Ancelin Schützenberger[6] oder Paola Del Castillo[7] haben entdeckt, dass zahlreichen Konflikten ein familiärer Ursprung zugrunde liegt. Aus dieser Grundannahme entwickelte sich der Ansatz, der inzwischen als Psychogenealogie[8] bezeichnet wird. In der Tat wiederholen sich Situationen oft von Generation zu Generation: Brustkrebs, Scheidung im gleichen Alter, Bankrott ... Dies lässt darauf schließen, dass falsche Erinnerungen vom Vater an den Sohn oder von der Mutter an die Tochter weitergegeben wurden.

Mehrere Elemente stützen diese These des familiären Konfliktkreislaufs oder erklären sie sogar. Zunächst das Erbgut der Eltern und – über sie – natürlich der Vorfahren. Doch auch die Erziehung ist nicht zu vergessen, die dem Kind, wie wir gesehen haben, die Ängste, Werte und Überzeugungen der Eltern vermittelt – und somit auch ihre falschen Erinnerungen. So kann das, was uns bereits durch

---

6 Anne Ancelin Schützenberger: *Oh, meine Ahnen! Wie das Leben unserer Vorfahren in uns wiederkehrt.* Carl-Auer Verlag: Heidelberg [7]2012.

7 Paola Del Castillo: *La Psychologie appliquée.* Quintessence: Aubagne 2002.

8 »*Theorie, die von Anne Ancelin Schützenberger [...] eingeführt wurde und in der die Annahme zugrunde gelegt wird, dass von den Vorfahren eines Menschen durchlebte Ereignisse, Traumata, Geheimnisse, Konflikte [...] seine psychischen Probleme, Krankheiten und merkwürdige oder unerklärliche Verhaltensweisen bedingen können.*«: Art. *Psychogénéalogie.* unter: http://fr.wikipedia.org/wiki/ (Stand: 22. Januar 2014).

familiäre Vererbung angeboren ist, und das, was wir durch die Erziehung der Eltern erworben haben, bereits größtenteils erklären, warum identische Situationen bei den Kindern, Eltern oder Großeltern auftreten.

Im Weiteren werden wir uns mit der Epigenetik[9] befassen. Sie ist eine neuere Entwicklung im Bereich der Genetik und zeigt, dass die Genexpression von der Lebensweise und den Geschehnissen, die sich im Leben ereignen, beeinflusst wird. Auf diese Weise haben die Erfahrungen unserer Vorfahren ihre Gene modifiziert. Und diese Veränderungen haben sich anschließend auf die folgenden Generationen übertragen. Dieses epigenetische Phänomen ermöglicht es, zu verstehen, welche Bedeutung die Genetik in familiären Konfliktzyklen hat.

Nehmen wir das Beispiel Brustkrebs, der zunächst die Mutter und einige Jahrzehnte später die Tochter erfasst. Mehrere Erklärungen lassen sich für dieses Phänomen anführen:

- das Vorhandensein von Krebsgenen, die von der Mutter an die Tochter vererbt wurden, wie die Gene BRCA1 und BRCA2;
- gleiche Lebensgewohnheiten, die die Eltern ihren Kindern von klein auf vermitteln: Ernährung, Alkohol, Zigaretten, sportliche Aktivitäten und andere;

9 Epigenetik: Richtung der Genetik, die erforscht, inwiefern Umwelt und Erfahrungen eines Menschen die Expression seiner Gene beeinflussen. Genexpression bezeichnet im weiteren Sinne die Ausprägung der genetischen Information zum Phänotyp eines Organismus.

- eine identische Denkweise, ebenfalls von Kindheit an vermittelt: Das ist gut, das ist schlecht, »du bist nett«, »du bist dumm« etc.; Denkweisen, aus denen sich Ängste, Werte und Überzeugungen entwickelt haben. Es handelt sich um eine Art »familiären Filter«, durch den das Kind die Welt sein ganzes Leben lang sieht;
- Nachahmung der Eltern. Im Erwachsenenalter kann sie dazu führen, dass das Kind denselben Beruf oder dieselben Einstellungen hat: Vater und Sohn Alkoholiker, Mutter und Tochter im gleichen Alter geschieden etc. Das Kind, das erwachsen geworden ist, kreiert unbewusst dieselben Situationen, die seine Eltern durchlebt haben (oft im gleichen Alter), gute ebenso wie weniger gute.

Letztendlich kann man den genauen Grund, weshalb die junge Frau wie ihre Mutter an Brustkrebs erkrankt, nicht eindeutig angeben. Wie auch immer es sich verhält: Dieses Problem ist von einer Generation auf die nächste übergegangen.

Ein weiteres Beispiel ist Louise. Sie hatte den Mann ihres Lebens nicht gefunden und beschloss, dass sie dennoch ein Kind haben wollte. Sie wählte einen »Erzeuger« und bekam ein Kind, das sie allein aufzog. Einige Jahre später stellte sie beim Ausarbeiten ihres Stammbaums erstaunt fest, dass sie eine Großtante hatte, die ebenfalls Louise hieß und ein uneheliches Kind hatte. Auf dasselbe Phänomen stieß sie noch ein weiteres Mal bei ihren Vorfahren: Eine dritte Frau war ebenfalls ledige Mutter gewesen. So finden sich in dieser

Familie drei Frauen (darunter zwei mit demselben Vornamen), die alleinerziehend waren. Es ist kaum möglich, in solchen Fällen von reinem Zufall zu sprechen!

Der Psychogenealogie zufolge wirken sich vor allem die letzten sieben Generationen auf das Erbgut eines Menschen aus. Diese sieben können den Nachkommen folglich falsche Erinnerungen übermitteln. Die Erinnerungen der weiter zurückliegenden Generationen sind verwischt, durch die Zeit abgeschwächt. Das scheint logisch, sonst müsste man ja bis zu Adam und Eva zurückgehen. (Obwohl manche uns immer noch die Last der »Verfehlung« Adams und Evas im Paradies aufbürden wollen.)

Unter den sieben Generationen, die ihren Einfluss auf die Menschen ausüben, dominiert offenbar insbesondere die der Großeltern – vielleicht sogar noch mehr als die Elterngeneration.

So soll es oft eine Art »Familienvertrag« geben, der im familiären Unterbewusstsein existiert und dem gerade geborenen Kind einen besonderen Platz oder Auftrag erteilt, wie beispielsweise, für die Geschwister zu sorgen oder eine Beziehung zwischen allen Familienmitgliedern herzustellen oder aber sich um seine Eltern oder Großeltern zu kümmern. Ein weiteres Beispiel liefert uns Salomon Sellam, der das sogenannte »Syndrom des Gisant«[10] beschreibt. In seinem Buch erklärt er, dass vielen Kindern durch den Familienvertrag aufgebürdet wird, ein verstorbenes Familienmit-

10 Salomon Sellam: *Le syndrome du Gisant – un subtil enfant de remplacement.* Bérangel: Saint André de Sangonis 2004. Vgl. auch: »*Unter einem Gisant versteht man eine liegende Grabfigur auf einem Sarkophag…*«: Art. *Gisant.* unter: http//www.wikipedia.org/Gisan (Stand: 22. Januar 2014).

glied zu ersetzen (einen im Krieg gefallenen Onkel, einen Bruder, der bei einem Unfall ums Leben kam ...). Manchmal bestimmt sogar der Vorname, der für das Neugeborene ausgewählt wird, das Kind für diese Aufgabe: René (vom Lateinischen »renatus«: »wiedergeboren«) oder – wenn man sich am Klang orientiert – Ruth (»ruht«) oder Friedrun (»(in) Frieden ruh'n«). Das Kind wurde seinerseits nicht über diese Aufgabe informiert, die ihm mehr oder weniger unbewusst von der Familie auferlegt worden ist. Es wird ihr auch nur unter Schwierigkeiten und widerwillig nachkommen. Doch an dem Tag, an dem ihm klar wird, welche Last die Familie ihm aufgezwungen hat, hellt sich das Leben auf, und Farben zeigen sich endlich, während bis dahin alles schwarz und tot war.

Ho'oponopono könnte einem solchen Kind auch helfen, diese Erinnerung auszulöschen, denn selbst wenn sie offensichtlich von seiner Familie realisiert wurde, ist dennoch die betroffene Person Schöpferin der Situation.

Es ist zudem merkwürdig, festzustellen, dass schon allein die einfache Entdeckung der familiären Ursache eines Konflikts – häufig ein Familiengeheimnis, aber auch eine falsche Erinnerung der Familie – oft genügt, um ihn zu verstehen und eine Lösung herbeizuführen. Denn diese Entdeckung öffnet einem gewissermaßen die Augen. Es ist, als hätte die betreffende Person die Antwort auf das Problem schon seit jeher gewusst, sie aber nicht sehen wollen. Wenn die Familienangelegenheit, die Ursache, ans Licht kommt und in Worte gefasst wird, dann spürt die Person sofort im tiefsten Inneren, dass es die Wahrheit ist, und alles wird möglich. Sie wünscht sich dann nur noch eines: von diesem Vertrag befreit zu werden, frei zu sein von dieser falschen Familienerinnerung. Sie praktiziert gewissermaßen Ho'oponopono – sogar ohne es zu wissen!

So wiederholen sich Situationen und Probleme tendenziell von Generation zu Generation. Immer wieder kehren sie zurück, bis endlich ein Glied dieser Familienkette eine Lösung für den Konflikt – die falsche Erinnerung – findet und so den Teufelskreis durchbricht. Dies befreit gleichzeitig die Vorfahren von ihrer Last, erspart es aber auch den Kindern, mit demselben Problemtypus konfrontiert zu werden.

Der Zyklus früherer Leben und Karma

Noch weiter zurückliegend, kann man den Ursprung eines Konfliktzyklus in früheren Leben finden, wenn man an die Wiedergeburt glaubt – und ich erinnere daran, dass dies die meisten Menschen auf unserem Planeten tun. Überdies wurde die Wiedergeburt beim zweiten Konzil von Konstantinopel im Jahr 553 aus dem christlichen Glauben gestrichen; zur gleichen Zeit, als Origenes und der Origenismus[11] verurteilt wurden. Für die Biologin und Physikerin Jacqueline Bousquet[12] ist die Existenz der Wiedergeburt sogar mathematisch bewiesen!

---

11 Origenismus: eine im 2. Jahrhundert von Athen bis Alexandria sehr verbreitete Lehre, die die Wiedergeburt postulierte. Die Entscheidung, den Origenismus zu verurteilen, soll auf Kaiser Justinian zurückgehen und nicht auf Papst Vigilius.

12 Vgl. www.arsitra.org.

Zahlreiche Forscher, darunter der bekannte Patrick Drouot[13], ließen Personen mithilfe von Techniken, die der Hypnose ähneln, in ihre früheren Leben zurückgehen. Die Ergebnisse waren sehr beunruhigend und seltsam, beispielsweise bei einer Frau, die entdeckte, dass der Ursprung ihres Asthmas auf ihren Tod in einer Gaskammer im letzten Leben zurückzuführen war. Einer anderen Frau wurde klar, dass sie deswegen Schmerzen in der Brust hatte, weil sie in einem früheren Leben einen Dolchstoß in die Brust erhalten hatte, der zu ihrem Tod geführt hatte.

Dementsprechend könnten Ihre Probleme in Ihrem jetzigen Leben eine Folge Ihres Verhaltens in einem anderen Leben sein. Man spricht hier von einer »karmischen Last« oder »karmischen Aufgabe«. Wenn Sie also in einem Leben Arme und Bedürftige schlecht behandeln, werden Sie im folgenden einer von ihnen. Waren Sie in einem Leben Ihrer Frau untreu, werden Sie im folgenden Leben der oder die Betrogene sein.

Das ist natürlich sehr schematisch. In Wirklichkeit ist es sehr viel subtiler. Es entspricht jedoch dem Gesetz des Karmas, dem Gesetz von Ursache und Wirkung. Jede Handlung dieses Lebens wirkt sich auf Ihr Karma und somit auf die Situationen, mit denen Sie im nächsten Leben konfrontiert werden, aus. Wenn Sie dieses Gesetz des Karmas verstehen, erhält die Aussage »*Was du nicht willst, das man dir tu, das füg auch keinem anderen zu!*« seine volle Bedeutung und ist im Grunde ein sehr egoistischer Ratschlag. Denn

---

13 Patrick Drouot: *Nous sommes tous immortels*. Éditions du Rocher: Paris 2005.

dieser Rat stellt die beste Methode dar, Ihr (gutes) Karma zu bewahren und damit auch Ihre Zukunft in der nächsten Inkarnation.

So kann eine karmische Last am Ursprung einer falschen Erinnerung Ihres jetzigen Lebens liegen, die unangenehme Situationen verursacht. Sie werden Ihr von einem Leben zum nächsten immer wieder begegnen, bis Sie eine Lösung dafür finden oder sie löschen. Danke, Ho'oponopono!

Sie sind der einzige Schöpfer

Der Ursprung wiederholter Konflikte kann in der Vergangenheit Ihres jetzigen Lebens, in Ihren früheren Leben und sogar in den Leben Ihrer Vorfahren liegen. Doch der Ursprung des Problems spielt eigentlich keine große Rolle. Mit Ho'oponopono ist es nicht unbedingt erforderlich, ihn zu kennen.

Denn Sie – Sie allein – sind der Schöpfer dessen, was Ihnen in Ihrem Leben widerfährt. Sie allein haben sich die Familie ausgesucht, in die Sie hineingeboren wurden, nämlich diejenige, die genau Ihrem Karma entspricht und es Ihnen ermöglicht, die Frage zu beantworten, die Sie sich stellen, die den Konflikt erzeugt, den Sie im vergangenen Leben nicht zu lösen vermochten. Noch einmal: Sie allein sind Schöpfer dieser Situation.
Sie müssen sie nur noch verstehen, um die karmische Aufgabe zu lösen und in Ihrer Entwicklung fortzuschreiten.

Sie selbst – Sie ganz allein – haben sich den idealen Ort ausgesucht, um diesen Konflikt zu kreieren.

Wozu dienen Konflikte?

Eine Situation ist »konfliktgeladen«, weil ein neuralgischer Punkt, das heißt eine Ihrer Schwachstellen, betroffen ist. Empfinden Sie beispielsweise eine grundlose Feindseligkeit für jemanden, rührt dies daher, dass diese Person für Sie – ohne dass es Ihnen bewusst ist – einen Aspekt Ihrer selbst repräsentiert, den Sie ablehnen oder nicht mögen.

Der Konflikt, die unangenehme Situation, das Problem kommt auf, um Ihnen zu zeigen, dass dieser Aspekt Ihrer Persönlichkeit, den Sie nicht sehen wollen, existiert. Wenn Sie ihn nicht bereinigen, wird Ihnen das Leben in regelmäßig wiederkehrenden Abständen und immer stärker denselben Konflikt aufzwingen, bis Sie schließlich bereit sind, ihm Aufmerksamkeit zu schenken ... in diesem Leben oder im nächsten.

Letzten Endes soll der Konflikt Sie dazu bringen, an diesem Teil Ihrer selbst, den Sie nicht mögen, zu arbeiten. Durch das Lösen oder Löschen des Konflikts können Sie eine Blockade aufheben, die Sie in Ihrer Entwicklung behindert hat. Wenn Sie also ein Problem oder einen psychischen Konflikt löschen, gehen Sie gewandelt, sogar transformiert daraus hervor, und Ihre persönliche Entwicklung kann wieder ihren Lauf nehmen.

Das ist das Bewundernswerte an Ho'oponopono: Es löst Konflikte ganz einfach, indem akzeptiert wird, dass diese von uns selbst – woher auch immer – kommen und dass sie endgültig verschwinden, wenn wir sie löschen und uns ändern.

Die Erinnerung an Geschehnisse

»Erkennen heißt nicht, zerlegen,
auch nicht, erklären.
Es heißt Zugang zur Schau finden.«
ANTOINE DE SAINT-EXUPÉRY, FLUG NACH ARRAS

Jeden Tag machen Sie zahlreiche Erfahrungen. Millionen von Informationen treffen täglich auf Ihr Gehirn. Dieses muss aussortieren, was es im Gedächtnis behält und was es tilgt. So sieht es zumindest die Schulmedizin.

Im Schlaf führt das Gehirn eine Speicherung im Gedächtnis durch. Es wählt dabei die Erinnerungen aus, die es bewahren wird, und verwirft die anderen. Nun braucht Ihr Organismus während dieser Ruhephase nicht, wie tagsüber, Energie für Aktivitäten wie Laufen, Verdauung, Konzentration usw. aufzuwenden. Er kann also seine gesamte Energie auf die körperliche Erholung und den Umgang mit den Erinnerungen konzentrieren.

Die Schlafzyklen

In einer Nacht treten vier bis sechs Schlafzyklen auf, die jeweils vier Phasen umfassen:

- Einschlafphase: leichter Schlaf oder entspannter Wachzustand, gekennzeichnet durch Alpha-Wellen (8 bis 13 Hertz);

- leichter Schlaf: charakterisiert durch Theta-Wellen (4 bis 7 Hertz); Phase, in der die schlafende Person die Verbindung mit der Umgebung verliert;
- Tiefschlaf: charakterisiert durch sehr langsame Delta-Wellen (0,5 bis 4 Hertz). Dies ist die Phase des tiefsten Schlafs; sie trägt zum Organisieren der Informationen bei, die anschließend im paradoxen Schlaf verarbeitet werden.
- paradoxer Schlaf (REM-Schlaf): gekennzeichnet durch Theta- und dann Alpha-Wellen. Träume sind intensiv und enthalten etwa 65 bis 70 Prozent Tagesreste des vergangenen Tages und 30 bis 35 Prozent Reste der beiden letzten Tage. Es handelt sich um eine Phase, die für das Langzeitgedächtnis, das Gefühlsmanagement und das psychische Gleichgewicht wichtig ist.

Schlaf ermöglicht dem Gehirn, Gelerntes zu festigen und Informationen ins Langzeitgedächtnis zu integrieren. Ausschließlich relevante, nützliche, wichtige Informationen werden bewahrt, die anderen werden fallen gelassen und müssen denjenigen weichen, die am nächsten Tag kommen. Das ist die offizielle, in der Medizin anerkannte Version. Ob sie wirklich völlig richtig ist, darf jedoch bezweifelt werden.

Versuche im Bereich der Sophrologie[14]*, an denen ich in den 80er-Jahren am Centre d'Orientation Comportementale et Psychologique de Paris teilnahm, haben mir gezeigt, dass das menschliche Gedächtnis sämtliche Lebensereignisse bewahrt.*

So war ein 60-Jähriger durchaus in der Lage, sich ganz genau ins Gedächtnis zu rufen, wie er an dem Tag gekleidet war, als er seine ersten Schritte tat, was er zum Frühstück gegessen hatte, was er an jenem Tag getan hatte etc. Es ist sehr beeindruckend festzustellen, welch phänomenale Kapazität unser Gedächtnis hat, wenn Denken und Bewusstsein umgangen werden, wie es in einer Sophrologie-Sitzung geschieht. Solche veränderten Bewusstseinszustände lassen erkennen, dass die betreffende Person sämtliche Informationen ihres Lebens bewahrt hat, von den unbedeutendsten bis hin zu den traumatisierendsten.

Dieses »totale« Gedächtnis ist also vorhanden – nicht unbedingt im Gehirn –, doch im Gegensatz zum gewohnten Gedächtnis, das wir im Alltag nutzen, ist es uns nicht unmittelbar zugänglich. So haben Sie zum Beispiel die Geschichtslektionen, die Sie in der Schule auswendig gelernt haben, nicht mehr parat. Trotzdem sind sie noch da, irgendwo. Sie haben sich Ihrer Erinnerung eingeprägt.

---

14 Sophrologie: »*Sophrologie ist eine von dem kolumbianischen Neuropsychiater Alfonso Caycedo 1960 begründete Entspannungstechnik, die vom indischen Yoga abgeleitet ist und körperliche und geistige Beschwerden, zum Beispiel Geburtsschmerzen, durch Entspannung, Kontemplation und Meditation bessern will.*«: Art. *Sophrologie.* unter: http://de.wikipedia.org/wiki/Sophrologie (Stand: 22. Januar 2014).

Angesichts dieser phänomenalen Kapazität des Gedächtnisses, die in einem sophronischen Zustand erkennbar wird, ist es logisch, an all die kleinen Ärgernisse, alle kleinen Ressentiments und Enttäuschungen zu denken, die Sie durchlebt haben und an die Sie sich zwar nicht mehr bewusst erinnern, die aber dennoch in den Tiefen Ihres Gedächtnisses existieren und Quelle falscher Erinnerungen sein können, die gelöscht werden müssen.

Psychologie und Ho'oponopono

»Man sollte so leben, wie man denkt, sonst endet es damit, dass man denkt, wie man gelebt hat.«
PAUL BOURGET

Die Psychologie hat stets großes Interesse an der Funktionsweise psychischer Phänomene beim Menschen, also an seinem Seelenleben, gehabt. Ihre Forschungen führten dazu, dass in der menschlichen Psyche unterschieden wird zwischen dem Bewusstsein, mit dem Sie Ihre Existenz und die Außenwelt begreifen können, und dem Unterbewusstsein, dem versteckten Gesicht Ihrer Psyche, jenem Teil des Eisbergs, der unter Wasser ist. Nun meinen alle, es sei Ihr Bewusstsein, das entscheidet, das Beschlüsse fasst und ihr Leben organisiert. Den Psychologen zufolge haben wir zwar alle ein Bewusstsein und ein Unterbewusstsein, doch gesteuert werden wir nicht von dem, das wir normalerweise dafür verantwortlich machen.

Seien Sie sich darüber im Klaren, dass Sie nicht von Ihrem Bewusstsein gesteuert werden, sondern von Ihrem Unterbewusstsein, Ihrem verborgenen Gesicht.

Sehen wir nun, wie die Psyche mit einem traumatisierenden Ereignis umgeht, das Sie erlebt haben. Die Erinnerung an das Trauma wird Sie anfangs plagen und Ihnen immer wieder in den Sinn kommen, bis Sie es verarbeitet, akzeptiert oder eine Lösung gefunden haben. Wenn jedoch keine Lösung gefunden wird oder der emotionale Schock zu schmerzhaft ist und/oder zu lange anhält, versucht die Psyche die seelische Anspannung zu lindern, indem sie den Konflikt vom Bewusstsein ins Verlies des Vergessens verschiebt, das heißt ins Unterbewusstsein. Das Ärgerliche an diesem automatisch ablaufenden Mechanismus ist, dass der Konflikt deswegen noch lange nicht gelöst ist. Er bleibt aktiv und erzeugt weiterhin Angst in Ihnen. Und dann stellt sich das Problem, dass Sie zwar Angst empfinden, aber nicht wissen, warum. Das ist zwangsläufig so, und zwar deswegen, weil der Konflikt sich jetzt in Ihrem Unterbewusstsein befindet.

Und so erzeugt der Konflikt in Ihnen weiterhin Stress, Angst und Depressionen, selbst wenn es Ihnen nicht bewusst ist und Sie sich nicht daran erinnern. Er zieht aber auch immer wieder neue unangenehme Situationen gleicher Art an.

Nun ist das Unterbewusstsein sehr machtvoll: All Ihre Entscheidungen sind das Ergebnis unbewusster Motivationen. Sie glauben, Sie hätten eine bestimmte Arbeit gewählt, weil diese am besten für Sie war, finanziell oder in Bezug auf Ihr berufliches Fortkommen? Weit gefehlt! Solche

Gründe werden von Ihrem Bewusstsein vorgebracht, um Sie hinters Licht zu führen. Der wahre Grund liegt beispielsweise darin, dass Sie diese Arbeit gewählt haben, um Ihren Eltern zu gefallen und so ihre Anerkennung zu erhalten oder – im Gegenteil – um Ihre Karriere besser zu sabotieren, weil eine unbewusste Überzeugung Ihnen sagt, Sie seien nichts wert. Diese Prozesse sind ganz unbewusst. Sie ergeben sich aus Ihren alten, ungelösten Konflikten, aus Ihren Überzeugungen und Ängsten, die in Ihrem Unterbewusstsein vorhanden sind und lauter Erinnerungen gebildet haben, das heißt Programme, die Sie steuern. Die guten Erinnerungen helfen Ihnen voranzukommen (was bei Konfliktsituationen selten vorkommt), die schlechten erzeugen neue unangenehme Situationen.

So erklärt die Psychologie Ihre Konflikte wie auch die Tatsache, dass damit einhergehende Gefühle, wenn sie nicht bereinigt werden, letztendlich in Ihr Unterbewusstsein gelangen – und so zu falschen Erinnerungen werden, die Ihr Leben weiterhin steuern, indem sie Ihre Entscheidungen und Handlungen unmittelbar beeinflussen.

Darum ist es wichtig, den unangenehmen Geschehnissen dafür zu danken, dass sie sich in Ihrem Leben manifestiert haben. Denn sie zeigen Ihnen die Existenz falscher Erinnerungen in Ihrem Unterbewusstsein, die Sie bis dahin nicht wahrgenommen haben und von denen Sie unbemerkt gesteuert werden. Dadurch, dass Sie diese falschen Erinnerungen durch das unangenehme Ereignis nachweisen oder herausstellen, können Sie darum bitten, dass sie gelöscht werden, und sich so gleichzeitig von ihrer tyrannischen unbewussten Präsenz befreien. Mit anderen Worten: Die Psychologie beweist, dass die falschen Erinnerungen, die für die unangenehmen Situationen in Ihrem Leben verantwortlich sind, aus Ihrem Unterbewusstsein kommen. Darum wussten Sie nicht, dass Sie sie hatten. Die unangenehmen Ereignisse waren vonnöten, damit Ihnen ihre Existenz bewusst wurde. Nun brauchen Sie nur noch Ho'oponopono zu praktizieren!

Achtung!

Es versteht sich von selbst, dass Ho'oponopono in einer sehr schlimmen Situation oder im Fall schwerwiegender psychischer Probleme existierende Techniken der Psychologie oder Psychoanalyse nicht ersetzt. Es ergänzt sie aber. Ho'oponopono ist eine Lebenskunst, ein Werkzeug, um sich zu entwickeln, keine Behandlung.

Der Traum

Freud zufolge wird der Traum vom Unterbewusstsein hervorgebracht. Er ist die Manifestation unserer Triebe und unbewussten Wünsche. Der Traum äußert, was wir in uns verborgen halten, sei es bewusst oder unbewusst. Er ist eine Art Ventil, mit dem zu starke Spannungen in unserem Unterbewusstsein freigesetzt werden können, damit unser Bewusstsein ausgeglichen bleibt. Wenn sich im Traum eine Erinnerung zeigt, weist dies im Allgemeinen darauf hin, dass es an der Zeit ist, eine Lösung für sie zu finden. Darum sind Träume eine andere Art, falsche Erinnerungen zu verstehen, die tief in uns vergraben sind. Es ist daher interessant, Ho'oponopono bei Erinnerungen zu praktizieren, die auf diese Weise bei unseren Traumaktivitäten wieder zum Vorschein gekommen sind.

Epigenetik und Ho'oponopono

»Es gibt nur eine Art zu scheitern: Aufgeben, bevor man es geschafft hat.«
Olivier Lockert

Von jeher geht die Schulmedizin davon aus, dass Menschen ihre Gene ein für alle Mal bei der Empfängnis erhalten und dass diese bis zu ihrem Tod unveränderlich sind. Einzig Mutationen, die zufällig durch Strahlung oder Umweltbelastung hervorgerufen wurden und meistens schädliche Auswirkungen haben oder sogar Krebs erregen, sind in der Lage, dieses Erbgut zu verändern.

Doch die Entdeckungen der Epigenetik[15] führen zwangsläufig zu einer Änderung dieses Standpunkts. Denn sie zeigen, dass unsere Umgebung und die Ereignisse, die im Lauf unseres Lebens auftreten, unsere Genexpression verändern können.

Alles begann 1942, als der Biologe Conrad Hal Waddington[16] epigenetische Phänomene anführte, um zu erklären, wie sich die Umgebung auf die Gene und den Phänotyp[17] (das »Erscheinungsbild«) eines Menschen auswirkte. Erst in den letzten 20 Jahren – bis dahin musste man warten – fand die Epigenetik endlich zaghaft ihren Weg in die moderne Forschung. Sie revolutioniert das medizinische Denken vollständig und kann zu innovativen Einsichten in die Entstehung von Krankheiten und auch zu neuen therapeutischen Wegen führen.

Die ersten Beobachtungen in der Epigenetik legten skandinavische Forscher vor. Sie zeigten auf, dass Stress, Umweltbelastung (auch *in utero*), schlechte Ernährung, Hungerperioden, Tabakkonsum und sogar *In-vitro*-Fertilisation (IVF) die Gene eines Menschen modifizieren können. Die Wissenschaftler stellten weiterhin heraus, dass diese Veränderungen auf Kinder und Enkelkinder übertragbar, also erblich waren.

Wichtig ist, dass diese Modifikationen die Gene nicht grundsätzlich »ändern«, also nicht ein Gen beseitigen, um es durch ein anderes zu ersetzen. Darum geht es nicht. Vielmehr betreffen diese Veränderungen nur die Genexpression. Das heißt, je nach den gegebenen Umständen ändert sich das Volumen eines Gensegments: Offene Konformation be-

---

16 Conrad Hal Waddington (1905–1975): Biologe, Paläontologe und Genetiker

17 Phänotyp: Gesamtheit der Merkmale eines Individuums, die beobachtet werden können

deutet Gen-Aktivität, geschlossene Konformation Gen-Inaktivität. Es gibt alle nur erdenklichen Zwischenstufen innerhalb dieser beiden Extreme. So kommt es, dass ein Gen aktiv werden kann, obwohl es abgeschaltet war, und umgekehrt. Es handelt sich also nicht um Mutationen, sondern um Modifikationen der Gene ohne Veränderung der DNA.

Die menschliche DNA besteht zu 30 bis 35 Prozent aus codierenden Genen, die »exprimiert« (ausgeprägt) werden, und zu 65 bis 70 Prozent aus sogenannten »stillen« bzw. »stummen« Genen, die ihren intronischen[18] Teil bilden. Die Epigenetik ist in der Lage, codierende Gene zu deaktivieren, und umgekehrt, stummgeschaltete Gene zu aktivieren, sodass sie exprimiert werden können. Das weist darauf hin, dass das Forschungsfeld der Epigenetik groß ist in Anbetracht des erheblichen Anteils an nicht exprimierten Genen auf der DNA.

Um ein Gen »stillzulegen«, braucht man nur eine Methylgruppe (CH_3) an die Stelle eines Hydrogen-Atoms (H) auf eine Stickstoffbase des Gens zu bringen. Die DNA-Sequenz wird dann stumm und kann keine wirksamen Proteine mehr herstellen. Letztere rufen aber die Genaktivität hervor.

In den letzten Jahren wurden zahlreiche faszinierende Studien zu epigenetischen Phänomenen durchgeführt. Sie zeigten beispielsweise auf, dass die Lebensweise der Großeltern die Lebenserwartung der Enkel beeinflusste. Eine Studie mit 600 Personen zeigte, dass epigenetische Modifikationen sehr viel häufiger vorkommen, als bislang ange-

18 Intron: nicht codierender Abschnitt der DNA innerhalb eines Gens

nommen. In der Tat wies etwa ein Drittel der Personen innerhalb eines Zeitraums von nur zehn Lebensjahren bereits merkliche Modifikationen in ihrem Erbgut auf.

Epigenetik ist also keine marginale Erscheinung, sondern ein sehr häufiger Prozess. Dieser könnte zum Beispiel durchaus erklären, warum sich mit zunehmendem Alter Krankheiten wie Krebs oder Alzheimer mehren.

Neueste Forschungen in diesem Bereich haben ergeben, dass der Ursprung bestimmter Krankheiten (teilweise) auf epigenetische Phänomene zurückzuführen ist. Das gilt insbesondere für Krebs, Fettleibigkeit, Diabetes Typ 2, Allergien, Asthma, Autismus, Schizophrenie und die Alzheimer-Krankheit. Es ist ziemlich sicher, dass weitere Krankheiten diese nicht vollständige Liste ergänzen werden.

Eine Studie *(GERMINAL = Gene Expression Modulation by Intervention with Nutrition and Lifestyle)* eröffnet faszinierende Perspektiven: Sie befasste sich mit der Entwicklung der Genexpression von Männern mit Pros-tatakrebs im Anschluss an Änderungen in ihrer Lebensweise und ohne jegliche Behandlung, sei sie konventionell oder nicht.

So begannen die Forscher, das Genom von etwa 30 Freiwilligen zu untersuchen, die jegliche konventionelle Behandlung abgelehnt hatten, aber bereit waren, an der Studie teilzunehmen. Sie alle hatten einen PSA-Wert[19] von

19 Prostataspezifisches Antigen *(Prostate-Specific Antigen)*: Marker für Prostatakrebs

unter zehn Nanogramm/Milliliter und einen Gleason-Score[20] von sechs bei den Biopsien.

Das Protokoll, das sie drei Monate lang befolgten, sah folgendermaßen aus:

- Umstellung auf eine fettarme Ernährung mit einem hohen Anteil an Vollwert- und Rohkost;
- Nahrungsergänzung durch Soja, Selen, Tran (Fischöl) und die Vitamine C und E;
- eine Stunde täglich Stressmanagement mit Yoga, Stretching oder Entspannung;
- 30 Minuten täglich gehen;
- einmal wöchentlich ein unterstützendes Gruppentreffen.

Nach Ablauf dieser Zeit wurden erneut Tumorbiopsien mit einer Untersuchung ihres Genoms durchgeführt. Diese ergaben zahlreiche günstige Modifikationen des Genoms, insbesondere die Herunterregulierung (Verringerung der Expression) bestimmter Krebsgene wie der Onkogene der RAS-Familie (RAN, RAB14 und RAB8A) und des Gens SHOC2, die die Aktivierung der Androgene und der Zellteilung fördern. Die Gene, die insulinähnliche Wachstumsfaktoren (*Insulin-like growth factors, IGF*) aktivieren, wurden ebenfalls herunterreguliert. Darüber hinaus war eine Verbesserung des freien PSA (Prostatamarker) bei allen 30 Teilnehmern feststellbar.

---

20 Gleason-Score: Indikator für den Grad der Aggressivität eines Krebses nach einer Gradeinteilung von 2 bis 10, wobei 10 den aggressivsten, am schnellsten fortschreitenden Krebsarten entspricht

So kann eine Veränderung der Lebensgewohnheiten die Expression der Krebsgene in nur drei Monaten verändern ... was enorm zur Heilung dieser schrecklichen Krankheit beitragen wird – natürlich ergänzend zu konventionellen Behandlungen.

Diese Studie bestätigt auch, dass die Psyche – durch Stressmanagement und verbales Äußern der Konflikte, beides im oben aufgeführten Protokoll enthalten – erheblich in den epigenetischen Prozess eingreift. Dies wurde schon von den ersten Forschern beobachtet, die bemerkt hatten, dass persönliche Erfahrungen der Personen Modifikationen auf der Ebene ihrer DNA hervorrufen konnten. Das bedeutet, unser Denken und unsere Gefühle können in die Expression unserer Gene eingreifen.

Dies stimmt mit den Experimenten von Wladimir Popenon[21] des Jahres 1990 und mit denen des *Instituts HeartMath* (Kalifornien) überein, die wirklich revolutionär sind. Sie haben Folgendes gezeigt:

- Die DNA reagierte unmittelbar auf Gefühle ihres früheren Trägers[22], selbst wenn dieser mehrere 100 Kilometer von ihr entfernt war. Die von der DNA ausgesandten Schwingungen erhöhten oder verringerten sich, je nach den empfundenen

21 Wladimir Popenon: russischer Physiker. Vgl. die knappe und verständliche englischsprachige Zusammenfassung von Gregg Braden: *La science de miracle 1.* unter: http://ecosynth.wordpress.com/2011/02/12/la-science-des-miracles-de-gregg-braden/ (Stand: 24. Januar 2014).

22 Vgl. *Nexus 6 (2004)*. S. 44f.

Gefühlen, und weder räumliche noch zeitliche Distanz hatten auch nur den geringsten Einfluss auf dieses Phänomen.

- Die Struktur der DNA veränderte sich entsprechend den Gefühlen des früheren Trägers. Bei liebevollen Gedanken dehnten sich ihre Windungen tendenziell aus, während sie sich bei aggressiven Gedanken eher zusammenzogen.
- Die DNA des Körpers hat einen unmittelbaren Einfluss auf die Materie und somit auf die Welt. Dies zeigte sich insbesondere in ihrer Wirkung auf Photonen (Lichtteilchen). Bei Vorhandensein der DNA ordneten sie sich an, und – was bemerkenswert ist – selbst als die DNA entfernt wurde, blieben sie weiterhin geordnet.

Die DNA-Struktur könnte mit der Struktur der Sprache verglichen werden, wobei die Moleküle wie die Buchstaben des Alphabets sind.[23] Zudem kann sie offenbar leicht mithilfe von Worten oder Schwingungen (Klängen, Steinen, Lichtern, Strahlen …) umprogrammiert werden.

Demgemäß sind unsere Gefühle und Gedanken in der Lage, unsere DNA zu ändern, die ihrerseits dadurch, dass sie auf die Materie einwirkt, unser Universum verändert. Dieser Mechanismus erklärt perfekt die Funktionsweise von Ho'oponopono: Das Löschen

23 Vgl. François Sauvageot: *Les yeux d'Uranie. Le regard et les mots mathématiciens.* unter: http://www.mathom.fr/mathom/sauvageot/Recherche/_Publis/JV08.pdf. (Stand: 24. Januar 2014).

einer falschen Erinnerung bringt eine Änderung in Ihren Gefühlen und Gedanken mit sich, was unmittelbar zu Modifikationen in Ihrer DNA führt. Letztere wiederum ändert Ihre Umgebung dadurch, dass sie auf die Materie einwirkt.

Durch die epigenetischen Prozesse können wir also die Wirkungsweise von Ho'oponopono besser verstehen und sogar teilweise erklären.

Die schamanischen Wurzeln des Ho'oponopono

»Das Neue ist in dir. Alles ist in dir und nicht außen.«
GITTA MALLASZ, DIE ENGEL ERLEBT

Schamanismus

Schamanismus wird auf unserem Planeten seit Jahrtausenden praktiziert. Einigen Autoren zufolge liegen die Anfänge in Sibirien oder Zentralasien, doch die Tatsache, dass er überall auf unserem Planeten vorkommt, lässt uns dies bezweifeln. Auch in Europa waren schamanische Praktiken verbreitet. Die meisten prähistorischen Höhlen waren früher Zeremonienorte, an denen regelmäßig schamanische Reisen durchgeführt wurden. Druiden waren beispielsweise große Schamanen. In Griechenland erwähnt Platon Schamanen, die Priester der Götter waren und bestimmte Techniken zum Verlassen des Körpers einsetzten.

Da er nur mündlich weitergegeben wurde, ist der Schamanismus aus manchen Gebieten verschwunden. Er ist jedoch bei Völkern wie den Mongolen, den amerikanischen Ureinwohnern und den australischen Aborigines immer noch lebendig.

Der Schamanismus ist verbunden mit dem animistischem Denken, demzufolge alles in der Natur, wie Pflanzen, Felsen, Wind oder Regen, von Geistern beseelt ist. Alles ist belebt und verdient daher höchste Verehrung.

Ein Schamane stellt die Verbindung zwischen der Menschenwelt und der Welt der Geister her. Er reist in die unsichtbare Welt, um dort Antworten auf Fragen zu finden, die sich der Stamm stellt (Ort, um das Lager aufzuschlagen, Jagdgebiet …) oder die von Stammesmitgliedern gestellt werden (Krankheiten, Probleme in der Beziehung zu einer anderen Person, Eheprobleme …).

Der Ursprung des Ho'oponopono

Ursprünglich war Ho'oponopono ein Ritual, das von der dörflichen Bevölkerung der Inselkette Hawaii angewandt wurde, um Probleme in der Gemeinschaft zu lösen. Es handelte sich um ein Verfahren zur Aussöhnung und Vergebung: Alle Stammesmitglieder versammelten sich, um ihre Probleme und Konflikte mitzuteilen. War das erst einmal geschehen, bat jeder um Vergebung für unangemessene oder sogar falsche Gedanken, die er ausgesandt hatte und die das Problem verursacht hatten.

Zu jener Zeit lag Ho'oponopono jedoch in den Händen von Schamanen und stand in Beziehung zur Geisterverehrung, die auch mit dem Göttlichen zusammenhing. So konnten Gedanken und Taten der Menschen, wenn sie aus falschen Erinnerungen hervorgingen, die Welt der Geister in Unruhe versetzen. Auch bestand die Gefahr, dass sie störende Wesen herbeiriefen oder erschufen. Ho'oponopono wurde also angewandt, damit die Dorfbewohner sich miteinander versöhnten, diente aber auch – vor allem – dazu, in vollkommener Harmonie mit den Geistern der Natur zu leben und sich deren Gunst zu sichern.

Modernes Ho'oponopono

Mit der Zeit geriet das Ritual in Vergessenheit. Erst in der zweiten Hälfte des 20. Jahrhunderts wurde es von einer hawaiianischen Schamanin, Morrnah Nalamaku Simeona, wiederbelebt. Sie war *kahuna lapa'au*, also eine Heilerin.

Morrnah erklärt: »*Wir sind die Summe all unserer Erfahrungen, und das bedeutet, mit unserer Vergangenheit belastet.* Die Erinnerung jeder Erfahrung ist in Form von Gedanken im Ätherleib gespeichert, dem subtilen Körper, der dem physischen Leib am nächsten ist.

Inspiriert vom alten Ritual, konzipierte sie ein neues Verfahren, das allein, ohne Unterstützung anderer, praktiziert werden kann. Es appelliert an das Göttliche in jedem Menschen, dass es die Gedanken und schädlichen Erinnerungen heilen möge. Es handelt sich also um einen Prozess der Aussöhnung mit sich selbst durch die Energie der Liebe.

Ho'oponopono sagt uns, wir seien die Schöpfer all dessen, was uns umgibt, und könnten durch eine Veränderung unserer Gedanken bewirken, dass unser Leben harmonisch wird. Das ist also nicht weit entfernt von der schamanischen Sichtweise der althergebrachten Methode. Diese ging nämlich davon aus, dass falsche Gedanken einer Person den Geistern um sie herum schadeten und dass diese ihr deswegen unangenehme Situationen schickten. Umgekehrt konnten dieselben Personen die Harmonie mit den Geistern der unsichtbaren Welt wiederfinden und erlangten so ihre Gunst.

Der Aufbau des Menschen

Ho'oponopono ermöglicht es, das Gleichgewicht zwischen der äußeren (sichtbaren und unsichtbaren) und der inneren Welt wiederherzustellen. Diese, die man als »Selbstidentität« bezeichnen könnte, besteht aus vier Elementen:

- *Unihipili* oder Unterbewusstsein: speichert die Erinnerung der vergangenen Erfahrungen und Gefühle.
- *Uhane* oder Bewusstsein: entspricht unserem Verstand und unserem Intellekt.
- *Aumakua* oder höheres Selbst (Seele): befindet sich in einer anderen Dimension.
- Göttlicher Funke oder göttliche Intelligenz, in der die Selbstidentität und Inspirationen kreiert werden.

Idealerweise sind diese vier Teile im Gleichgewicht. Interessant ist, dass in der heutigen Medizin in Bezug auf das Bewusstsein und das Unterbewusstsein dieselbe Sichtweise vorherrscht (natürlich ohne dass von der Seele und vom göttlichen Funken die Rede ist): Damit ein Mensch gesund sein kann, sollen sie in einem ausgewogenen Verhältnis stehen.

Das Ziel von Ho'oponopono besteht darin, die vier Teile unserer Identität ins Gleichgewicht zu bringen, damit wir uns wieder mit unserem göttlichen Funken (oder dem Göttlichen in uns) verbinden und inneren Frieden finden können. Für Morrnah Nalamaku Simeona *»beginnt der Frieden bei uns selbst«*. Sie fügt hinzu: *»Wir sind nur hier, um Frieden in unser Leben zu bringen, und wenn wir Frieden in unser Leben bringen, findet alles um uns herum seinen Platz, seinen Rhythmus und Frieden.«*

Gemäß der Sichtweise des Schamanismus ermöglicht Ho'oponopono, das innere und das äußere Gleichgewicht wiederzufinden, mit sich selbst und mit den Geistern der Natur in Einklang zu sein.

Auf den Menschen lastet das Gewicht ihrer Vergangenheit. Wenn sie unter Stress stehen oder Angst haben, sollten sie in ihr Inneres schauen. Dann werden sie feststellen, dass die Ursache ihres Missbehagens von einer ihrer Erinnerungen herrührt. Es genügt dann, diese zu löschen, damit der Stress oder die Angst verschwindet.

Die Katharer[24]

In Südfrankreich, speziell in der Languedoc-Region, verbreitete sich die katharische Lehre rasant, so offenkundig stachen ihre Grundsätze durch die ihnen eigene Einfachheit und Schönheit hervor – besonders im Vergleich mit denen der damaligen katholischen Kirche. Echte Katharer bewohnten keine Schlösser, sondern lebten in Höhlen oder Hütten von den Gaben der Bewohner. Gemeinsam mit diesen arbeiteten sie hart.

Die Religion der Katharer war ihrer Zeit voraus. Sie sprach von einem gütigen Gott und lehnte die Existenz einer Hölle ab. Ihre Heilslehre ähnelte sehr jener der ersten Christen, bevor die Kirche Dogmen formulierte, die ihren Sinn veränderte. Die Katharer predigten Bescheidenheit, Mitgefühl und Liebe. Sie gingen davon aus, dass jeder Mensch selbst mit Gott in Verbindung treten könne, ohne religiöse Vermittler.

Die Perfecti – Männer und Frauen gleichermaßen – bildeten die Priesterschaft dieser Religion. Sie führten ein asketisches Leben und verbreiteten die Lehre in den ländlichen Gebieten. So hofften sie, aus dem Kreislauf der Wiedergeburt hinauszugelangen und als

24 Zur Geschichte der Katharer vgl. u. a. Gerd Schwerhoff: *Die Inquisition. Ketzerverfolgung in Mittelalter und Neuzeit.* C. H. Beck: München 2004. Malcolm Barber: *Die Katharer. Ketzer des Mittelalters.* Patmos Verlag: Düsseldorf 2008. Lothar Baier: *Die große Ketzerei. Verfolgung und Ausrottung der Katharer durch Kirche und Wissenschaft.* Wagenbach: Berlin 2002.

Lichtseele-Lichtkörper in der anderen Welt – der Welt Gottes – bleiben zu können. Die Ausbildung der Perfecti war lang. Sie erforderte eine strenge Initiation, die sie mit sich selbst in Kontakt brachte, aber auch mit den Geistern der Natur, mit denen sie kommunizierten und denen sie Respekt entgegenbrachten. Dies machte sie zu großen Schamanen. Sie waren außerdem die Erben der Mysterienschulen.

Die katharische Lehre besagt, dass der wahrnehmbaren Welt eine geistige Welt zugrunde liegt, die schon vorher existierte. Im Gegensatz zu dem, was oft vereinfachend gesagt wird, betrachteten die Katharer die physische Welt nicht als die »schlechte« und die andere als die »gute«. Sie sahen in der Materie eine unvollkommene Welt, die jedoch nötig war, damit die Menschen sich von Inkarnation zu Inkarnation immer mehr läutern und zur Erkenntnis ihrer Unvollkommenheiten gelangen konnten.

Manche Dualisten werden sagen, dass das »Gute« das »Schlechte« braucht, damit die Menschen sich weiterentwickeln können. Das stimmt zwar mehr oder weniger, doch eigentlich gibt es weder »gut« noch »schlecht«. Nur die Entwicklung der Menschen zählt. Wie dem auch sei, diese Auffassung der Katharer ist in mancher Hinsicht nicht sehr weit entfernt von der Sicht des Ho'oponopono. Tatsächlich offenbart uns die Materie, die uns umgebende Welt, unsere Unvollkommenheiten; es liegt also bei uns, die daran geknüpften falschen Gedanken zu eliminieren, um uns zunehmend zu reinigen und zur Welt des Geistes und der Harmonie vorzudringen.

Das Aktualisieren der Gedanken

»Der Gedanke ist nur ein Blitz inmitten einer langen Nacht; aber dieser Blitz ist alles.«
HENRI POINCARÉ, DER WERT DER WISSENSCHAFT

Unser Geist produziert in jedem Moment zahlreiche verschiedene Gedanken, die nicht immer besonders geordnet sind. Sie gehen größtenteils vom Denken aus, das unseren Kopf unaufhörlich mit seinem »Geplapper« über alles und nichts erfüllt, ständig Kommentare abgibt und über uns und andere urteilt.

Diese Gedanken sind Informationen, die aus Energien bestehen, das heißt, es sind »Entitäten« bzw. »Wesenheiten«[25] im Embryonalstadium, die nur darauf aus sind, zu leben und sich zu entwickeln. Sie werden in die Zukunft projiziert und kreieren Energie, potenzielle Zukunftsszenarien, also mögliche Entwicklungen, die unsere Zukunft programmieren.

25 Entität/Wesenheit: die »Essenz« eines Lebewesens

Die Gegenwart ist nur die Aktualisierung einer potenziellen Zukunft, das heißt, sie ist die Folge Ihrer vergangenen Gedanken.

Sie sind heute das, was Sie gestern von sich gedacht haben. Sie werden, was Sie denken.

Sie sind von Ihren potenziellen Zukunftsszenarien umgeben, die Ihre Gedanken hervorbringen, und Ihre Gegenwart ist nur eines dieser gedanklichen Szenarien, das real geworden ist.

Glücklicherweise mindern Ihre vielen widersprüchlichen Gedanken – *»Ich bin super«, »Ich bin eine Niete«* – wegen der entgegengesetzten Kräfte gegenseitig ihre Wirkung. Dennoch tun diese Gedanken, diese Zukunftsmöglichkeiten, alles dafür, sich zu entwickeln und Realität zu werden.

Deshalb kommen Ihnen tendenziell immer wieder dieselben Gedanken in den Sinn, die sich von Ihrer psychischen Energie nähren und entwickeln und auf diese Weise immer stärker werden. Fixe Ideen und Obsessionen sind ausgezeichnete Beispiele dafür, so auch die Vorstellung, Sie seien arm und erfolglos. Von allen möglichen Zukunftsszenarien wird sich dieser Gedanke in seiner Energie entwickeln, bis er zu Ihrer Realität wird, was das Gefühl nur noch verstärkt: *»Ich hatte recht, so zu denken.«* Das wiederum wird nur neue herabsetzende Situationen aktualisieren. Kurzum, die Katze beißt sich in den Schwanz!

Vor diesem Hintergrund ist es wichtig, dass Sie sich vorstellen, ganz gesund zu sein, brillant und erfolgreich im Leben. Das entspricht natürlich dem Prinzip des Positiven

Denkens von Émile Coué[26], der Visualisierung von Carl Simonton[27] und dem Resonanzgesetz (Gesetz der Anziehung).

So ziehen Gedanken Situationen an, die sie bestätigen. Wenn Sie denken, Sie seien eine Niete, werden Ihnen zahlreiche Dinge im Alltag passieren, die Sie in dieser Vorstellung bestätigen. Wenn Sie das Leben als gefährlich ansehen, werden viele Situationen dieses Gefühl bestätigen (Unfälle, Begebenheiten, Wetterverhältnisse, Epidemien ...). Nun haben Sie selbst diese Sicht der Welt geschaffen. Die Welt hat sich daher Ihren Erwartungen gebeugt, indem sie für Sie gefährlicher geworden ist.

Ihre Gedanken werden durch ähnliche Gedanken und durch damit in Einklang stehende Situationen weiter bekräftigt; sie nähren und verstärken sich so. All das bringt Sie dazu, ihnen zunehmend Gewicht beizumessen, und vor allem, sie für die Realität zu halten. Dies wiederum bewirkt, dass diese Gedanken sich aktualisieren können. Sie werden zu Ihrer Wirklichkeit in der Gegenwart. Es bildet sich ein regelrechter Teufelskreis, der sich mit der Zeit verstärkt: der Schneeballeffekt. So sehr, dass es für Sie unmöglich wird, zu verstehen, dass das, was Sie durchleben, nicht die Realität ist, sondern einfach die Welt, die Sie sich erfunden haben.

26 Émile Coué (1857–1926): französischer Psychologe und Apotheker, Begründer einer Methode der Autosuggestion mithilfe positiver Gedanken

27 Oscar Carl Simonton (1942–2009): US-amerikanischer Facharzt für Strahlenheilkunde und Onkologie und Autor von Werken wie: *Wieder gesund werden: Eine Anleitung zur Aktivierung der Selbstheilungskräfte für Krebspatienten und ihre Angehörigen.* Rororo: Reinbek [11]2001.

Irrige Gedanken führen zu einer potenziell schlechten Zukunft und so zu schwierigen Situationen in der Gegenwart. Gute Gedanken hingegen bringen Harmonie und Liebe in Ihr Leben.

Ihre Umgebung besteht aus zahlreichen Potenzialen, die darauf warten, sich bei nächster Gelegenheit, also wenn Ihre Gedanken sie rufen, zu aktualisieren.

Darum ist es in erster Linie wichtig, dass Sie Ihre Gedanken kontrollieren. Die Meditation eignet sich als Technik sehr gut dafür. Mit Meditation ist es möglich, den Verstand zum Schweigen zu bringen und dadurch zu erkennen, was für Sie wesentlich ist. Und wenn Ihnen trotz allem ein schlechter Gedanke entschlüpft – »*Ich bin ein Versager!*« –, dann schicken Sie sofort einen guten Gedanken hinterher – »*Ich bin toll!*« –, um den ersten zunichtezumachen.

Ho'oponopono wiederum ermöglicht uns, schlechtes Zukunftspotenzial, das sich materialisiert hat, zu eliminieren, indem die falsche Erinnerung, die das Potenzial hervorgebracht hat, gelöscht wird. Damit leistet es uns sehr gute Dienste.

Traumzeit

Die Traumzeit ist ein wichtiger Mythos in der Kultur der australischen Aborigines. Sie entspricht der immateriellen Zeit, die der Schöpfung der Welt vorausging. Es handelt sich um jene Periode, in der das

Denken die Schöpfung in der materiellen Welt vorwegnimmt. Es ist auch der Ort, an dem wir alle nach dem Tod sein werden.
So wurde nach Auffassung der Aborigines jede Materialisierung schon gedacht und in der Energie gebildet, bevor sie sich in unserer Welt manifestiert. Je nach Art des Gedankens ist die Realisierung natürlich ganz unterschiedlich. Und umgekehrt ist jede Realisierung die Folge eines Gedankens, der durch Erinnerungen bedingt wird.

Ho'oponopono aus der Sicht der Quantenphysik

»Aller Dinge wird man müde,
nur des Lernens nicht.«
VERGIL

Wir alle haben in der Schule das Newtonsche Gravitationsgesetz gelernt, das besagt, dass ein Apfel wegen der Schwerkraft senkrecht vom Baum fällt, von oben nach unten. Zur selben Zeit, als wir dies lernen mussten, zeigten allerdings die Entdeckungen der Quantenphysik, dass diese Weltsicht vollkommen obsolet ist.

Die Quantenphysik

Die Quantenphysik ist sehr kompliziert, wenn man die mathematischen Formeln betrachtet, die für die Beweise benutzt werden. Was manche zu der Frage veranlasst hat, warum Gott ein derartig kompliziertes Universum erschaffen hat! Doch auch, wenn der Beweis für Normalsterbliche schwer zu verstehen ist, sind die Antworten, die uns die Quantenphysik auf unsere Fragen gibt, – relativ – einfach und klar. Sie sind daher allen zugänglich.

Eine der ersten Lektionen der Quantenphysik ist die, dass Materie so, wie wir sie gewöhnlich auffassen, nicht existiert!

In der Tat entspricht die Materie bei Weitem nicht dem physischen Aussehen, das wir normalerweise wahrnehmen, sondern sie ist eine gigantische Energiekonzentration. Jedes Teilchen im Universum ist nur konzentrierte Energie. Dann schließen sich die Teilchen zusammen, um Atome und anschließend Moleküle zu bilden, die der sichtbaren Materie zugrunde liegen. Demnach besteht die Materie nur aus Energie.

Das Universum wird aus unzähligen Teilchen gebildet, die durch riesige Leerräume getrennt sind. Dementsprechend besteht die Materie in Wirklichkeit nur aus Leere! Doch was verleiht ihr dann ihr festes Erscheinungsbild? Es sind die Bindungskräfte, die die Teilchen untereinander verknüpfen und die man auch zwischen den Planeten des Sonnensystems und zwischen den Galaxien findet. Es sind schwache Interaktionen, starke Interaktionen, Gravitationskräfte und elektromagnetische Kräfte.

Noch merkwürdiger ist die Tatsache, dass diese Materie erneut zu Energie werden und anschließend wieder neue Teilchen (Materie[28]) bilden kann, in einer umfassenden Bewegung des Kreierens und Zerstörens, so wie Wasser sich in Dampf verwandelt, bevor es wieder zu Wasser wird, wenn die Temperatur sinkt. Das bedeutet, dass Energie und Materie lediglich zwei Aspekte desselben Elements sind, dass das Universum sich unaufhörlich bildet und die gebildete Form dann wieder aufgibt.

Um Energie und Materie anzuordnen, musste eine Information vorhanden sein, sonst wäre die Energie ohne Form geblieben. Sie hätte nicht die zunächst unbelebte, dann belebte Materie und dann das Bewusstsein erzeugt. Der Astrophysiker George Fitzgerald Smoot[29] sagte über die Fotos der Geburt des Universums, die vom Satelliten COBE aufgenommen worden waren, dass sie das *»Gesicht Gottes«* enthüllten. Die Brüder Igor und Grichka Bogdanov erinnern in ihrem gleichnamigen Buch[30] an die Hypothese, die sie mit zahlreichen Gelehrten – darunter auch Smoot – teilen, es gebe eine Art kosmische DNA, also eine kosmische Information, die den allgemeinen Verlauf des Universums seit dem Big Bang ordnet.

28 Diesem Konzept gab man den Namen Welle-Teilchen-Dualismus.

29 George Fitzgerald Smoot (*1945): US-amerikanischer Astrophysiker und Kosmologe, der 2006 den Nobelpreis erhielt

30 Igor und Grichka Bogdanov: *Das Gesicht Gottes. Was war vor dem Big Bang?* Riemann Verlag: München 2011.

Die Information ist also ein wesentliches Element für das Erscheinen und Funktionieren des Universums. Sie wird von einer Energie getragen wie beispielsweise Radiowellen. Wir wissen heute, dass es »nicht lineare Wellen« gibt, die das gesamte Universum durchqueren können, ohne mit zunehmender Entfernung schwächer zu werden, und das mit einer Geschwindigkeit, die höher ist als die Lichtgeschwindigkeit. Die Information kann also mühelos von einem Ende des Universums ans andere gelangen. Diese Information »in-*formiert*« die Materie, »formt« sie also bzw. »bringt sie in Form«. Umgekehrt enthält jede Form eine Information.

Den Astrophysikern zufolge fehlen 96 Prozent des Universums[31], und das ist viel! Diesen großen Teil nannten sie »dunkle Materie« und »dunkle Energie«, deren Beschaffenheit bislang noch ungeklärt ist. Sie soll überall im Universum und selbst innerhalb der Materie vorhanden sein. Diese schwarze Materie oder Energie ist allgegenwärtig, so wie der Äther, der von den alten Meistern beschrieben wurde. Für manche Wissenschaftler, wie den Physiker Nassim Haramein[32], ist diese fehlende Energie einfach die Energie der Leere. Wir sind demgemäß also in einen Energieozean eingetaucht, der allen Raum zwischen den Teilchen, den

31 Vgl. Pierre Astier: *Énergie noire, la grande inconnue.* in: *CNRS Journal 8 (2010)*. auch unter: http://www2.cnrs.fr/presse/journal/1981.htm (Stand: 24. Januar 2014). Vgl. auch Thomas Bührke: *Das beschleunigte Universum.* in: *Spektrum – Die Woche 40 (2011)*. auch unter: http://www.spektrum.de/alias/nobelpreise-2011/das-beschleunigte-universum/1124665 (Stand. 24. Januar 2014).

32 Nassim Haramein (*1962): US-amerikanischer Forscher, der Physik mit Spiritualität verbindet

Planeten und den Galaxien ausfüllt. Demnach handelt es sich um nicht kohärente Energie, während die Materie kohärente Energie ist, die in einen Ozean nicht kohärenter Energie eingetaucht ist. Die Kohärenz wird der Energie durch Information geliefert.

Die Energie der Leere könnte die nächste Energiequelle der Menschheit sein. Sie wird häufig als »freie Energie« bezeichnet, die allen zur Verfügung steht und völlig kostenlos ist, wie der US-amerikanische Ingenieur Nikola Tesla[33] bereits vor fast einem Jahrhundert erkannte.

Der energetische Mensch

Der Mensch als Teil des Universums ist aus denselben »Zutaten« zusammengesetzt: Materie bzw. Energie und Information. Nur die Benennungen ändern sich. Man spricht vom physischen Körper, von der Energiezirkulation und vom Denken, der Psyche. Das bedeutet, durch seinen Aufbau bzw. seine Zusammensetzung ist der Mensch zuallererst energetisch wie das Universum, sogar noch bevor er chemisch und biologisch ist.

Auf organischer Ebene haben die Arbeiten von Georges Lakhovsky[34] gezeigt, dass jede Körperzelle ein Oszillator bzw. ein oszillierender Minikreislauf ist, der auf genauen Frequenzen elektromagnetische Wellen aussendet und emp-

33 Nikola Tesla (1856–1943): US-amerikanischer Erfinder und Ingenieur serbischer Herkunft

34 Georges Lakhovsky (1869–1942): Forscher russischer Herkunft, der lange in Frankreich tätig war. Zu empfehlen ist die Lektüre: *Das Geheimnis des Lebens*. VGM: Essen 2010.

fängt. Später entdeckte man, dass Zellen miteinander und mit ihrer Umgebung kommunizieren, indem sie Licht (Photonen, »Lichtteilchen«) aussenden.

Noch erstaunlicher ist die DNA, denn sie besteht eigentlich nur aus Information. Sie ist das wahre Sende- und Empfangszentrum der Zelle, das diese in permanenten Kontakt mit der näheren und weiteren Umgebung bringt, also mit der Quantenwelt, die sie umgibt. Sie vermag auch auf die Materie einzuwirken, wie wir weiter oben im Abschnitt über die Epigenetik gesehen haben.

Das Denken

Die im Vorhergehenden beschriebenen Experimente führen zu der Frage, wie das Denken auf die Materie und somit auch auf die Umgebung wirkt. Es gibt zahlreiche Beweise, dass die Gedanken der Menschen ihren Körper beeinflussen. Wir können zum Beispiel den Placebo-Effekt anführen, das Positive Denken von Émile Coué und die Visualisierungstechniken von Carl Simonton[35], Hypnose und Sophrologie ... nicht zu vergessen die schädlichen Auswirkungen von Stress. All das zeigt deutlich, dass unser Denken unmittelbar und kontinuierlich auf unseren Körper einwirkt.

Die Macht des Denkens geht viel weiter, als gemeinhin angenommen wird, wie ein Bericht von Deepak Chopra[36] zeigt. Es geht darin um eine psychische Krankheit, bei der

35 Vgl. S. 100.

36 Deepak Chopra: *Die heilende Kraft. Quantum Healing. Ayurveda, das altindische Wissen vom Leben, und die modernen Naturwissenschaften*. Driedinger: Ibbenbühren 2011.

multiple Persönlichkeiten sich abwechselnd im Körper desselben Menschen äußern. So wurde gezeigt, dass dieselbe Person je nach Persönlichkeit, die sie gerade war, Diabetiker sein konnte, Epileptiker, farbenblind, sie konnte hohen Blutdruck haben, Allergiker sein und sogar Narben, Warzen oder Hautausschläge aufweisen. Zudem konnte der Übergang von einer Persönlichkeit zur nächsten sehr schnell vonstattengehen. Diese Beobachtung zeigte, dass jede Persönlichkeit den Organismus ihres Trägers biologisch veränderte, und zwar äußerst rapide. Wenn aber kranke Menschen hierzu in der Lage sind, dann verfügt jeder von uns über die Fähigkeit, seine biologischen Voraussetzungen entsprechend seinen Gedanken zu verändern.

Die Gedanken anderer können ebenfalls einen Einfluss auf Sie ausüben, ohne dass Sie es bemerken. Die Arbeiten von Masaru Emoto[37] haben gezeigt, dass das Denken in der Lage ist, Wasser je nach ausgestrahlten Intensionen unterschiedlich zu strukturieren. Es ist daher sehr wahrscheinlich – um nicht zu sagen, gewiss –, dass Gedanken anderer Menschen die Struktur des Wassers in unserem Organismus verändern können. Wir bestehen zu 70 bis 80 Prozent aus Wasser. Schon allein diese Größenordnung weist darauf hin, wie schädlich fremde Gedanken für unseren Organismus (und somit für uns) sein können, besonders wenn jemand uns übel gesonnen ist.

37 Masaru Emoto: *Die Botschaft des Wassers*. Koha: Burgrain 2002.

Das Gebet

Das Gebet appelliert mit Schwingungen der Hilfe, der Liebe und des Mitgefühls, also mit den höchsten Schwingungen des Menschen, an das Denken. Es appelliert auch an andere, noch subtilere Energien, die im Universum vorhanden sind.
Eine Studie, die an der New Yorker Columbia Universität im Jahr 2000 durchgeführt wurde, hat Folgendes ergeben: Gebete von Gruppen – bestehend aus Anhängern mehrerer Religionen – in Australien, Kanada und den Vereinigten Staaten verbesserten die Ergebnisse der *In-vitro*-Fertilisation bei Frauen, die in Korea wegen Unfruchtbarkeit behandelt wurden. Die Erfolgsquote stieg von 25 auf 50 Prozent, obwohl die »Empfängerinnen« noch nicht einmal darüber informiert waren, dass die Gruppen für sie beteten.
Die Studie von Harris et. al.[38], die 1990 in den USA durchgeführt worden war, erbrachte bei 990 Herzpatienten der kardiologischen Abteilung eines Krankenhauses in Kansas City ähnliche Ergebnisse. Diejenigen, für die gebetet wurde, hatten zehn Prozent weniger postoperative Komplikationen als die anderen. Desgleichen geht Herbert Benson von der

38 William S. Harris et al.: *A Randomized, Controlled Trial of the Effects of Remote, Intercessory Prayer on Outcomes in Patients Admitted to the Coronary Care Unit.* in: *Archives of Internal Medicine 19/159 (1999)*. S. 2273–2278. auch unter: http://archinte.jamanetwork.com/article.aspx?Articleid=485161 (Stand: 25. Januar 2014)

Harvard Universität davon aus, dass Patienten, die wiederholt beten, in der Lage sind, Veränderungen in der Funktionsweise ihrer Organe auszulösen. Gebete für sich selbst oder für andere könnten also eine Möglichkeit sein, bestimmte falsche Erinnerungen zu löschen. Dennoch gelten die Ergebnisse der Studien, obwohl sie klar erkennbar sind, nicht für alle Personen, wohingegen man mit Ho'oponopono – indem man also die volle Verantwortung für die Situation übernimmt und darum bittet, die daran geknüpfte falsche Erinnerung zu löschen – offenbar eine bessere und schnellere Wirkung erzielen kann.

Eine weitere Studie[39] zeigt, dass Glück ansteckend ist! So wird die Stimmung eines Menschen von der Stimmung anderer beeinflusst. Ein Gefühl wie Glück ist auf die Umgebung übertragbar, wie diese Studie, die zwischen 1983 und 2003 mit 4739 Personen durchgeführt wurde, ergab. Unter diesen wurden zunächst Gruppen glücklicher und unglücklicher Personen identifiziert. Die Autoren stellten daraufhin fest, dass Glück sich bis zur dritten Beziehungsebene (bis zu den Freunden der Freunde der Freunde) fortpflanzte. Sie wiesen sogar Folgendes nach: Hat eine Person einen Freund, der weniger als 1,6 Kilometer entfernt wohnt und

39 James H. Dowler et al.: *Dynamic Spread of Happiness in a Large Social Network. Longitudinal Analysis over 20 Years in the Framingham Heart Study.* unter: http://nrs.harvard.edu/urn-3:HUL.InstRepos:3685822 (Stand: 25. Januar 2014).

Glück erlangt hat, dann erhöht dies die Wahrscheinlichkeit, dass die betreffende Person selbst glücklich wird, um 25 Prozent. Vergleichbare Ergebnisse wurden bei Eheleuten, Geschwistern und Wohnungsnachbarn ermittelt.

All dies zeigt deutlich, dass unser Denken sich auf unseren Körper auswirkt, auch auf unsere Gemütsverfassung wie auf die der anderen. Die Auswirkungen des Denkens gehen sogar noch darüber hinaus, wie der weiter oben zitierte Versuch von Wladimir Popenon gezeigt hat, der erklärt, dass unsere Gefühle in der Lage sind, auf die Materie einzuwirken.

Gregg Braden[40] zufolge wurde diese Wirkung des Denkens auch auf dem Magnetfeld der Erde beobachtet, das sich nach den Ereignissen des 11. September 2001 verändert hat. Letztere haben bei vielen Menschen ein starkes Trauma ausgelöst. Der Schock war so groß, dass alle in diesem Augenblick ausgestrahlten psychischen Energien Veränderungen im Elektromagnetismus der Erde hervorrufen konnten. Der russischen Ingenieurin und Expertin für Aerodynamik Marina Popovitch[41] zufolge existiert eine permanente Interaktion zwischen den menschlichen Gefühlen und dem elektromagnetischen Feld der Erde. So haben russische Forscher dunkle Zonen in diesem Feld entdeckt, als Kriege wüteten, wie im

40 Gregg Braden (*1954): US-amerikanischer Autor und Vortragsredner. Vgl. z. B. Gregg Braden: *Verlorene Geheimnisse des Betens. Die verborgene Kraft von Schönheit, Segen, Weisheit und Schmerz*. Echnaton Verlag: Ramerberg ³2009 und ders.: *Fractal Time*. Koha: Burgrain 2009.

41 Marina Popovitch (*1931): ehemalige Pilotin der sowjetischen Luftwaffe, Oberst, Ingenieurin, Testpilotin und Autorin mehrerer Bücher

Irak. Marina Popovitch geht auch davon aus, dass Gedanken der Menschheit die Sonnenaktivität beeinflussen können. Unser Planet ist ihr zufolge heutzutage überlastet und reagiert darauf mit plötzlichen heftigen Störungen: Erdbeben, Vulkanausbrüchen, Überschwemmungen …

Von dem Moment an, da diese Informationen bestätigt werden und man das dahinterstehende Prinzip verallgemeinert, ist es sehr wahrscheinlich, dass der Einfluss des menschlichen Geistes noch weiter gehen könnte. Denn nicht lineare Wellen können sich ohne Abschwächung bis ans andere Ende des Universums fortsetzen. Vielleicht kann der Flügelschlag eines Schmetterlings in Tokyo auf dem Planeten einer entfernten Galaxie ein Nordlicht (Aurora Borealis) hervorrufen. Wer weiß? Demgemäß besteht unsere Umgebung nur aus informierter Energie/Materie. Das Denken kann sich sowohl auf Teilchen- als auch auf planetarer Ebene, auf der Mikro- wie auf der Makroebene darauf auswirken.

Ho'oponopono kann jedoch diese Gedanken (Informationen) ändern, indem es die negativen Erinnerungen löscht. Das wiederum wirkt sich auf die umgebende Materie aus. Sind die negativen Gedanken erst einmal gelöscht, können positive Gedanken sich ungehindert entwickeln und eine ausgeglichene Umgebung erschaffen.

Nun können wir mithilfe der Quantenphysik leicht nachvollziehen, warum der Prozess der Aussöhnung mit sich selbst geistige und körperliche Harmonie herbeiführen und Harmonie in Ihr Universum bringen kann.

Ist unsere Welt real?

»Wir sind, was wir denken.
Alles, was wir sind, entsteht durch unsere Gedanken.
Mit unseren Gedanken gestalten wir die Welt.«
BUDDHA

Vor dem Hintergrund dessen, was in den vorangegangenen Abschnitten gesagt wurde, ist es völlig gerechtfertigt, dass Sie sich fragen, ob die Welt, in der wir leben, wirklich real ist oder ob wir gerade träumen. Denn wenn alles nur aus Energie und Informationen besteht, und wir allein durch unsere Gedanken zu 100 Prozent Schöpfer unseres Lebens sind, dann können Sie sich zu Recht fragen, ob das Universum, wie Sie es normalerweise wahrnehmen, nicht einfach nur das Ergebnis eines Gedankens – Ihres Gedankens – ist.

Diese Schlussfolgerung ist durchaus stichhaltig, denn mehrere Faktoren könnten uns wirklich dazu verleiten, zu »denken«, wir lebten in einem Traum.

Das Gehirn

Zunächst sollte klar sein, dass das Gehirn weder zwischen Realität und Vorstellung unterscheidet noch zwischen Tat und Gedanken. Forscher haben bei funktionellen Magnetresonanztomografien[42] festgestellt, dass dieselben Zonen im Gehirn aktiviert waren, wenn ein Proband eine Handlung

42 Magnetresonanztomografie: Verfahren der Bildgebung durch Magnetresonanz

selbst ausführte, wenn er jemandem zusah, der diese Handlung ausführte oder auch, wenn er sich vorstellte, diese Handlung auszuführen.

So könnten Sie sich fragen, ob Sie wirklich etwas tun oder ob Sie sich einfach nur vorstellen, etwas zu tun. Diese Unfähigkeit unseres Gehirns, das Reale vom Vorgestellten zu unterscheiden, hat die Entwicklung symbolischer Therapieverfahren ermöglicht, die Betroffene von bestimmten Konflikten befreien können. Hegt zum Beispiel jemand einen Groll gegen eine verstorbene Person, kann er die Angelegenheit naturgemäß nicht mehr mit ihr klären. Er kann jedoch trotzdem seinen Schmerz lindern, indem er dem Verstorbenen einen Brief schreibt und diesen abschickt. Sein Gehirn hält diese Handlung dann für etwas, das wirklich passiert ist, und meint, die verstorbene Person habe seine Nachricht tatsächlich erhalten. Das wird die durch den Groll hervorgerufene Anspannung entsprechend reduzieren.

Wenn Sie dies verinnerlichen, dann verstehen Sie, dass es leicht ist, Ihr Gehirn zu täuschen und dafür zu sorgen, dass es eine Illusion für die Wirklichkeit hält. Desgleichen könnten Sie genauso gut getäuscht werden und glauben, das Leben sei die Realität, während es in Wirklichkeit nur eine Illusion ist.

Der Mensch

Wie bereits erwähnt, besteht der Mensch ebenso wie das Universum zum einen aus Materie bzw. Energie und zum anderen aus Informationen und Gedanken. Was aber definiert überhaupt einen Menschen, wenn man einmal genauer nachdenkt? Nicht die Materie oder sein physischer Körper, sondern seine Gedanken. Das verleitete einige Physiker zu der Aussage: »*Der Mensch ist im Grunde nur eine Handvoll Erinnerungen*«[43]. Diese Auffassung fügt sich in die Sicht des Ho'oponopono ein, falsche Erinnerungen müssen gelöscht werden.

Das Denken strahlt energetische Wellen aus, die wissenschaftlich messbar sind, wie die in der Medizin eingesetzten Elektroenzephalogramme zeigen. Zudem haben wir gesehen, dass das Denken auf die Materie einwirken kann. Dieses Phänomen hat Quantenforscher übrigens sehr gestört. Denn bei ihren ersten Forschungen merkten sie, dass ihre Gedanken, das heißt ihre Erwartungen, die Ergebnisse der laufenden Versuche veränderten. Wenn sie ein Ergebnis im Bereich der Wellen erwarteten, erhielten sie es. Wenn ein anderer Forscher bei dem gleichen Versuch eine Antwort im Bereich der Teilchen erwartete, erhielt er sie ebenfalls. So wirkte sich die Aufmerksamkeit auf die subatomaren Partikel aus.

Doch das Denken kann nicht nur die umgebende Welt verändern, sondern ist auch in der Lage, zu *erschaffen*, und das ist – da stimmen Sie mir sicherlich zu – sehr viel machtvoller. Dies zeigt sich dementsprechend zunächst im energetischen Universum und materialisiert sich dann im physischen Universum, wenn die Gedanken mit genug Überzeugung ausgesandt werden. So konstruieren Ihre Gedanken, von Ihren Erinnerungen beeinflusst, die Welt, in

43 Wird Jacqueline Bousquet zugeschrieben

der Sie leben. Sie selbst haben dann Ihre Umgebung aufgebaut und sichtbar gemacht, nämlich durch die von Ihnen ausgesendeten Gedanken. Doch existiert die Welt wirklich, oder gehört sie einfach in den Bereich der Träume – Ihrer Träume?

Das Bewusstsein der umgebenden Welt

Dies führt zur Frage, wie wir die uns umgebende Welt überhaupt kennen. Wir nehmen sie nämlich nur über die fünf Sinne wahr. Unsere Sicht der Außenwelt ist eine Repräsentation, die in unserem Gehirn gebildet wird, anhand der Informationen, die uns von den Sinnen geschickt werden. Wir glauben an die Existenz von Objekten, weil wir sie durch unsere Sinnesorgane sehen, berühren, spüren, hören. Unsere Wahrnehmungen sind jedoch nur Gedanken in unserem Geist – und unser Gehirn befindet sich in einer Black Box, völlig isoliert von der umgebenden Welt.

Unsere fünf Sinne funktionieren in einem Wellenmodus und nicht im Geringsten in einem »materiellen« bzw. »physischen« Modus, wie man annehmen könnte. Das wussten wir bereits in Bezug auf Klänge und Farben. Doch heute wissen wir es auch in Bezug auf Gerüche. Sie sind ebenfalls von ihrer Natur her Schwingungen und keine Moleküle. Denn Moleküle sehr ähnlicher chemischer Struktur können ganz unterschiedliche Gerüche hervorbringen. Die einzige Erklärung dieser Unterschiede ist die, dass der Geruch auf Grundlage eines Schwingungsmodus funktioniert und nicht auf der eines chemischen Modus. Es ist sehr wahrscheinlich, dass es sich bei dem Tastsinn ebenso verhält. Denn da Materie nur aus konzentrierten Wellen geformt wird, ist es schwer vorstellbar, es könne anders sein.

Dementsprechend beruht unsere Kenntnis der Umgebung nur auf Schwingungen. Das erklärt, warum sie leicht durch unsere Gedanken abgewandelt werden kann, also durch unsere Überzeugungen, Ängste und Werte, die wie Filter wirken und unsere Wahrnehmung des uns umgebenden Universums verändern.

Außerdem erfassen die Sinne lediglich einen Teil der Informationen um uns herum. So nehmen wir beispielsweise nicht alle Klänge und auch nicht alle Farben oder Gerüche wahr. Manche Tiere haben diesbezüglich ein sehr viel breiteres Spektrum – einschließlich Ultraschall oder Infrarot zum Beispiel. Die Realität, die wir wahrnehmen, ist also sehr bruchstückhaft. Das bedeutet, der Teil des Universums, den unsere Sinne erfassen können, ist winzig im Vergleich zur Gesamtheit aller Wellen, die in unserer Umgebung ausgestrahlt werden.

Schließlich sollten wir uns ins Gedächtnis rufen, dass die Informationen, die von den fünf Sinnen erfasst werden, in elektrische Impulse umgewandelt und über die Nerven ans Gehirn übermittelt werden. Das Gehirn *rekonstruiert* anschließend das umgebende Universum anhand der Informationen, die es erhalten hat. Diese Wiederherstellung folgt den Schemata unseres Denksystems. Das Weltbild wird also »verstümmelt« durch die Art und Weise, wie es erfasst und übermittelt wird, durch die Fähigkeiten des Gehirns, es wiederherzustellen, und schließlich durch Ihre psychischen Filter, die das erhaltene Bild um jeden Preis in unser Referenzsystem einordnen wollen. Trotz alledem ist jedoch genau dieses Bild für uns die Realität. Nun befindet es sich nicht außerhalb von uns, sondern in unserem Kopf. All das existiert nur in unserem Kopf. Mit anderen Worten: Es ist gut möglich, dass wir einer Illusion unterliegen, wenn wir uns vorstellen, dass das Universum wie auch unsere Umgebung außerhalb unseres Geistes existieren.

Sie könnten durchaus in Betracht ziehen, dass diese Wirklichkeit von A bis Z von Ihrem Gehirn geschaffen wurde, oder auch, dass die Informationen, die es erhalten hat, nicht real sind, sondern das Produkt Ihrer Vorstellungskraft, oder dass es sich sogar um Manipulationen handelt, die Ihnen geschickt worden sind. Sie haben nicht den geringsten Beweis dafür, dass die Außenwelt tatsächlich existiert. Darum können Sie auch erwägen, dass es das Reale gar nicht gibt und dass Sie gerade träumen! Denn in einem Traum sehen Sie ebenfalls Dinge, berühren, hören, riechen sie wie in der Wirklichkeit. Wo ist also der Unterschied? Warum glauben Sie, das Leben tagsüber sei das reale Leben, und die Bilder, die Sie im Schlaf sehen, seien nur Träume? Lediglich Ihre Gedanken und Vorurteile vermitteln Ihnen diesen Eindruck.

Demnach wäre auch Ihr Organismus, ebenso wie das Sie umgebende Universum und sogar Ihr Gehirn, nur ein Bild, eine Illusion, und der Mensch wäre etwas nicht Reales. Ihre Erfahrungen wären Trugbilder und das Universum insgesamt nur eine Illusion. *Von Ihnen bliebe nur noch das Denken übrig.* Der Mensch ist in dieser Hinsicht nur eine

Ansammlung von Gedanken, also eine Anhäufung von Erinnerungen, die sich auf eine illusorische Umgebung auswirken.

Wir sind nur die Vorstellung
unserer selbst.

In sehr naher Zukunft werden Computer in der Lage sein, Ihrem Gehirn virtuelle Informationen zu schicken: visuelle, auditive, Geruchs-, Geschmacks- und Berührungsinformationen, die Sie zu der Annahme verleiten könnten, Sie lebten in einer realen Welt, obwohl diese von einem Computer erzeugt wurde. Sie können ihm auch Informationen oder Gedanken schicken und so mit ihm kommunizieren. Auf diese Weise ist es möglich, von ihm Veränderungen in den Informationen zu erhalten, die er ihnen schickt, und folglich Veränderungen in der imaginären Welt hervorzurufen, die er für Sie geschaffen hat und die Sie für real halten.

Genauso verhält es sich mit Ihrer gegenwärtigen Realität: Sie können durch Gedanken auf die Ereignisse einwirken. Indem Sie Ihr Denken ändern, ändern Sie den Traum, den Sie leben – Ihre tägliche Wirklichkeit – kinderleicht, vielleicht sogar ohne dass Sie sich daran erinnern, dass Sie sie geändert haben.

Der Quantenaspekt

Vor 100 Jahren hatten wir ein Bild von der Realität als eine materielle Welt, greifbar und messbar (Newtonsche Physik). Dann kam die Quantenphysik und warf alles über den Haufen – in solchem Maße, dass unsere heutige Umgebung virtuell geworden ist und einzig aus Energien und Informationen besteht. Unsere Weltsicht ist vom Realen zum Abstrakten übergegangen. Das Universum selbst soll aus einer »Singularität« geboren worden sein; Materie und Energie rühren von etwas her, das erst noch definiert werden muss und weder in der Zeit noch im Raum begrenzt ist. So soll die Physikerin Jacqueline Bousquet[44] gesagt haben: »*Das Universum verhält sich mehr wie ein Gedanke als wie ein Mechanismus.*«

Das Universum wäre demnach ein Gedanke. Das ist eine schöne, poetische Vorstellung. Sie erinnert in gewisser Hinsicht an manche Texte aus der Mythologie. Natürlich ist die Vorstellung eines großen Architekten, der alles organisiert, verführerisch. Wie wir bereits gesehen haben, sprechen einige Astrophysiker von einer kosmischen DNA, um darauf hinzuweisen, dass es im Kosmos wahrscheinlich eine Information gibt, die steuert. Doch sie geben weder genau an, woher diese DNA kommt, noch wer sie entworfen hat.

Es könnte sogar noch einfacher sein. Da wir die einzigen Schöpfer all dessen sind, was in unserem Leben geschieht, können wir in jedem Augenblick dabei sein, die Umgebung zu kreieren, in der wir uns entwickeln. Wie schon Physiker wie Hubert Reeves[45] es ausdrückten: »*Die Materie formt sich erst unter unserem Blick.*« Dieser Satz passt perfekt mit einer langen Liste von Forschungsarbeiten der Quanten-

---

44 Vgl. u. a. Jacqueline Bousquet: *Au cœur du vivant*. St Michel Éditions: Saint Michel de Boulogne 1992 oder dies.: *Le réveil de la conscience*. Guy Trédaniel: Paris 2003.

45 Hubert Reeves (*1932): kanadischer Astrophysiker und Verfasser zahlreicher Werke, u. a.: *Wo ist das Weltall zu Ende? Das Universum meinen Enkeln erklärt*. C. H. Beck: München ²2012.

physik zusammen. Er bedeutet, dass die Materie sich erst unter unserem Blick »in-*formiert*« – Form annimmt. Natürlich sollten wir das Wort »Blick« hier im Sinne von »Gedanke« verstehen. Unser Denken bewirkt, dass die Energie kohärent wird, und sich dadurch in Materie umwandelt. Andernfalls bleibt sie in ihrer nicht kohärenten Energieform. *Unser* Denken kreiert so *alle* Materie und das *gesamte* Universum, das uns umgibt.

Es gibt folglich weder Zufall noch Fügung
noch Synchronizität noch Vorsehung …
nur Sie, der oder die sich selbst Nachrichten schickt …

Ihr Unterbewusstsein schickt Ihrem Bewusstsein über Zufälle und Fügungen, die es in Ihrem Universum kreiert, permanent Botschaften. Denn es ist in der Lage, alles in Ihrer Umgebung zu schaffen, selbst die unglaublichsten Dinge: Erscheinungen, Geschehnisse, Erdbeben, Klimawandel, Revolutionen, Begegnungen, Glück … ihm ist alles möglich, einfach deswegen, weil es seine Welt ist, weil es Ihre Welt ist.

Ihre Aufmerksamkeit erschafft das Universum um Sie herum entsprechend den Gedanken, die Sie kontinuierlich aussenden und die Sie in der Vergangenheit ausgesandt haben (Aktualisierung der Gedanken). Es ist dann leicht nachvollziehbar, dass Sie durch das Verändern Ihrer Gedanken – wie es beim Ho'oponopono geschieht, wenn Sie falsche Erinnerungen löschen – den Aufbau des Universums verändern, in dem Sie zu leben meinen und das eigentlich nur eine Illusion ist, das heißt eine Konstruktion Ihres Ich.

Dieses Kreieren geschieht unmittelbar und unbewusst. Das Problem ist jedoch, dass das Unterbewusstsein Ihren Geist mit seinen guten und schlechten Erinnerungen lenkt. Darum ist das Löschen falscher Erinnerungen sehr wichtig, denn dadurch wird es möglich, die Welt, in der Sie leben, nach und nach zu harmonisieren.

Existieren die anderen?

Ist die Umgebung etwas von Ihnen Geschaffenes, dann stellt sich eine Frage: Existieren die anderen? Der Psychotherapeut Hew Len antwortet darauf: *»Die anderen? Welche anderen?«* Es handelt sich meiner Meinung nach um einen Scherz, der den Sinn von Ho'oponopono verständlich machen soll. Denn die anderen existieren durchaus als Individuen. Sie entsprechen jedoch vollkommen Ihrer Schöpfung, denn sonst wären Sie nicht in »Ihrer« Welt. Folgendes sollte uns klar sein: Es gibt nicht nur eine Welt – die Erde –, auf der sieben Milliarden Menschen leben, sondern sieben Milliarden Welten, die von einem gemeinsamen Bewusstsein zusammengebracht werden. Diese Welten verbindet dasselbe grundlegende »Raster« miteinander, und sie sind den Gesetzen dieses Milieus (Raum, Zeit) unterworfen. Die materielle Welt wäre demnach dieses Raster, eine Art gemeinsame Basis, auf der alle Menschen ihre eigene Welt entwickeln.

Es ist möglich – und den Physikern zufolge sogar sehr wahrscheinlich –, dass es neben unserem Universum zahlreiche Paralleluniversen gibt, in denen jedes Lebewesen eine andere potenzielle Zukunft erkundet, das heißt, in denen jeder Mensch andere Leben in anderen Universen lebt und dadurch seine Erfahrungen wie auch seine persönliche Entwicklung bereichert. Anders ausgedrückt: Wir leben in mehreren Universen gleichzeitig, in denen wir nebeneinander existieren und verschiedene Erfahrungen machen.

All das zeigt: Es ist ganz und gar nicht sicher, dass das Universum wirklich in dem Sinne, wie wir es gewöhnlich verstehen, existiert. Die Quantenphysik bringt sogar eher den Nachweis dafür, dass dem nicht so ist. In diesem Fall ist leicht nachvollziehbar, dass unsere Gedanken die Illusion verursachen, dass wir leben, oder vielmehr: zu leben glauben. Dadurch, dass Ho'oponopono schädliche Gedanken löscht, ermöglicht es uns, ein harmonischeres Leben zu führen und so unsere tiefsten Wünsche und Bestrebungen zu verwirklichen.

Wie wirkt sich Ho'oponopono aus?

»Sie wussten nicht, dass es unmöglich war,
also taten sie es.«
MARK TWAIN

Das Erste, was Sie beim Praktizieren von Ho'oponopono bemerken, ist, dass es Ihnen in schwierigen Lebensperioden Erleichterung verschafft. Mit Ho'oponopono brauchen Sie die betreffende Situation nicht zu analysieren, und Sie müssen den Dingen auch nicht intensiv auf den Grund gehen. Es löscht störende Erinnerungen und bereitet dadurch der unangenehmen Situation ein Ende, um Sie dann in ruhigere Gewässer zu geleiten.

Dennoch ist Ho'oponopono eine Lebenskunst, keine Therapie. Eine psychiatrische Behandlung, eine Psychoanalyse, eine Psychotherapie oder eine NLP-Therapie kann es keinesfalls ersetzen. Es ergänzt diese Therapieformen jedoch harmonisch und kann die meisten geringfügigen Konflikte des Alltags lindern. Es ist daher empfehlenswert, Ho'oponopono für alles Unangenehme in Ihrem Leben zu praktizieren. Bei gravierenden Beschwerden und Störungen oder einem lang anhaltenden Problem ist es aber unbedingt geboten, einen Arzt oder Psychotherapeuten aufzusuchen.

Zudem können Sie nicht wissen, wohin das Löschen einer Erinnerung mit Ho'oponopono führt. Ihnen ist einfach nur klar, dass Sie dadurch Ihre Gegenwart verbessern und sich aus einer schwierigen Situation befreien können. Ho'oponopono mildert also Ihr Leid – schnell und ein für alle Mal. So kann jedes Problem, das Ihnen begegnet, dadurch geregelt werden, dass Sie ausschließlich an sich selbst arbeiten.

Und in dem Maße, wie Ihre falschen Erinnerungen gelöscht werden, entdecken Sie sich nach und nach wirklich selbst, finden heraus, wer Sie sind, was Sie im tiefsten Inneren wollen und wonach Sie wirklich streben. Allmählich erkennen Sie Ihre wahre Identität. Das verändert natürlich Ihre Gedanken und somit auch Ihre Welt – sie wird harmonisch und entwickelt sich ganz im Einklang mit Ihren geheimsten Wünschen. Sie können Ihre Talente besser entfalten und zahlreiche potenzielle Zukunftsszenarien erkunden, die Ihre persönliche Entwicklung fördern.

Durch das Löschen falscher Gedanken finden Sie wieder zu Ihrer Integrität, Ihrer »Ganzheit« zurück. Das ist sehr wichtig, um neue Energien zu fördern. Sie schalten Ihr Denken endgültig aus und machen sich Ihre Gedanken vollkommen bewusst. So werden Sie *bewusst* Schöpfer Ihrer Welt und brauchen sie nicht mehr, wie bisher, unbewusst und konfus über sich ergehen zu lassen. Dann sind Sie wirklich Herr über Ihr Schicksal.

Ho'oponopono und die neuen Energien

»Es gibt keinen Weg zum Glück.
Glücklichsein ist der Weg.«
BUDDHA

Wir haben gesehen, dass wir in sieben Milliarden Welten leben, die von einem gemeinsamen Bewusstsein zusammengeführt werden. Letzteres bildet das grundlegende Raster, das die Welten, die wir uns erschaffen, miteinander verbindet. Diese Universen sind völlig autonom und hängen nur von den Gedanken ihrer Eigentümer ab. Sie müssen jedoch bestimmten Regeln des Raums und der Zeit entsprechen, in denen sie sich entwickeln. Im Umfeld unseres Planeten sind derzeit zwei Phänomene zu beobachten:

➤ Das elektromagnetische Schwingungsfeld der Erde steigt an. Das wurde im Zusammenhang mit der Schumann-Resonanz[46] festgestellt. Diese Steigerung ist das Ergebnis einer allgemeineren Erhöhung der Schwingungen, die zumindest unsere gesamte Galaxie betrifft. Ursache ist die Ankunft neuer kosmischer Energien. Sie bringen den Menschen ein höheres Bewusstseinsniveau, neue Visionen, neue Fähigkeiten und neue Gedanken. Doch bevor es dazu kommt, müssen die Menschen sich anpassen, und das braucht Zeit, Ruhe und Einsicht. Momentan durchlaufen wir eine Übergangsphase. Diese Zeit der Anpassung schlägt sich nieder in Form von Müdigkeit, Reizbarkeit, Ängsten und Depressionen.

---

46 Die Ionosphäre hat Resonanzeigenschaften, die vom deutschen Physiker W. O. Schumann entdeckt wurden.

➤ Wie bereits erwähnt, gibt es Wechselwirkungen zwischen den Gedanken der Menschen und dem elektromagnetischen Feld der Erde. Gegenwärtig besteht eine Überlastung wegen der Ereignisse, von denen die Menschheit betroffen ist: Kriege, Hungersnöte, soziale Ungleichheit, Spannungen, Krisen, Revolutionen ... und zwar in solchem Maße, dass der Planet heftig darauf reagiert, z. B. mit Erdbeben, Vulkanausbrüchen und Überschwemmungen, was den Prozess nur noch verstärkt. Durch solche Katastrophen wird diese Übergangsperiode umso schwieriger.

Um diese heikle Phase zu überwinden, muss jeder von uns sich so viel wie möglich entlasten. Körperlich ist ein Leben in Balance wichtig: biologische, eher leichte Ernährung, körperliche Aktivität, Atmung, Entspannung usw. Auf der psychischen Ebene ist es erforderlich, dass wir eine Lösung für alte Konflikte herbeiführen, alle einschränkenden Überzeugungen und Werte löschen, ebenso wie unsere Ängste. All das muss sehr schnell geschehen, denn die Energien entwickeln sich derzeit rapide. Darum sind langwierige Techniken wie Psychoanalyse, Psychotherapie, NLP oder EMDR[47], die bei pathologischen Fällen gute Dienste leisten, hier nicht – oder sehr wenig – geeignet, da sie zu umständlich (ein Therapeut ist erforderlich) sind.

---

47 Augenbewegungs-Desensibilisierung und Wiederaufarbeitung *(Eye Movement Desensitization and Reprocessing):* Technik zur Behandlung schmerzvoller Informationen wie zum Beispiel eines traumatischen Schocks

Glücklicherweise haben sich wie zufällig neue Methoden entwickelt, die leicht nutzbar, schnell, effizient und ohne fremde Hilfe umsetzbar sind. Das sind EFT[48], TAT[49], *Zensight*[50], Meditation, *Time Openings* (»Zeitöffnungen«)[51], Energieheilung [52] und natürlich Ho'oponopono.

Unter all diesen Methoden ist Ho'oponopono unbestritten die effizienteste für die Zeit, die wir gerade durchlaufen, weil es uns ermöglicht, all unsere falschen Erinnerungen schnell zu löschen. So können wir uns leichter an die Ankunft dieser neuen Energien anpassen, die uns zu einem höheren Bewusstseinszustand führen werden.

Heute, in unserer immer schnelllebigeren Zeit, ist es nicht unbedingt nötig, die vollständige Abfolge – *»Es tut mir leid, bitte verzeih mir, danke, ich liebe dich«* – einzuhalten, um ein Ergebnis zu erzielen. Häufig genügt es, einfach nur da-rum zu bitten, dass die falsche Erinnerung im Zusammenhang mit einem bestimmten Geschehnis gelöscht wer-

48 Vgl. Art. *Emotional Freedom Techniques.* unter: http://de.wikipedia.org/wiki/Emotional_Freedom_Techniques (Stand: 25. Januar 2014).

49 Vgl. Art. *Tapas Acupressure Technique.* unter: http://en.wikipedia.org/ wiki/Tapas_Acupressure_Technique (Stand: 24. Januar 2014). http://www.tatlife.com/ (Stand: 24. Januar 2014).

50 Vgl. einführende Bemerkungen u. a. bei Carol Anne Rowland. unter: www.zensightprocess.com/ (Stand: 24. Januar 2014).

51 Time Openings: entwickelt von dem Physiker Jean-Pierre Garnier-Malet. Vgl. sein Buch *Change Your Future Through Time Openings.* Createspace 2011. Vgl. auch die knappe Einführung unter: http://www.garnier-malet.com/introduction_ to_the_theory_186.htm (Stand: 25. Januar 2014).

52 S. Premium®-Energieheilung: Die Seminare und Workshops von Luc Bodin zum Thema *Soins Énergetiques Premium®* stehen allen offen.

den möge. Die Technik entwickelt sich also mit der Zeit und wird immer schneller durchführbar und effizienter.

Es wäre jedoch falsch, zu glauben, der Schattenanteil in uns müsse gelöscht werden, damit wir problemlos die aktuelle Übergangsphase durchlaufen können, im Gegenteil: Ho'oponopono ist dazu da, dass wir diesen dunklen Anteil in uns annehmen und auf diese Weise wieder heil und ganz werden. Das ist der Weg, auf dem Sie sehen werden, wie die Dualität verschwindet. *»Es ist gut«* oder *»Es ist schlecht«* gibt es nicht mehr, sondern nur noch *»Es ist«*. Dann werden Sie feststellen, dass Ihr Schattenanteil, den Sie so erbittert von sich gewiesen haben, gar nicht so negativ war, wie Sie immer dachten. Und dass er sogar ein großes Gleichgewicht, eine Ganzheit herbeiführen kann, die Ihnen so lange fehlte.

Dank dieser neuen Energien werden die Menschen in nicht allzu ferner Zukunft entdecken, dass sie sich ganz allein regieren können und dass Regierungen, Priester, Führungspersonen, Chefs, Gurus etc. überflüssig geworden sind. Der Mensch wird sich seiner immensen Fähigkeiten bewusst werden und neue entwickeln, wie Intuition, Telepathie, Gedankenkraft und das Gefühl, Teil einer kosmischen Gemeinschaft zu sein. Die Gesellschaft wird

53 Vgl. Luc Bodin: *Préparez-vous au changement.* Éditions Terre de Rêves: Fontcouverte 2012. Der Titel kann unter www.stageslucbodin.com kostenlos heruntergeladen oder als Papierversion bestellt werden.

> dadurch vollkommen transformiert. Sie wird menschlicher und aufmerksamer für die Entwicklung jedes Einzelnen, während sie seine jeweiligen Unterschiede, Eigenheiten und Bestrebungen respektiert.[53]

Ho'oponopono ist ein wesentliches Element in der derzeitigen Übergangsperiode. Durch das Löschen falscher Erinnerungen erhellt es Ihren Geist und löst Blockaden wie auch negative Gedanken auf, die Sie zu der Annahme verleiten, diese vielversprechende Zukunft sei nicht möglich, zumindest nicht für Sie.

Sie können Ho'oponopono auch dafür danken,
dass es da ist, um Ihnen zu ermöglichen, Erfüllung zu
finden und die Welt zu verändern – Ihre Welt.

KAPITEL 3

Ho'oponopono – von der Spiritualität zur Fülle

Nathalie Bodin

»Praktiziert, für andere das zu wollen,
was ihr für euch selbst wollt,
indem ihr nicht Christen seid, sondern wie Christus;
nicht Muslime, sondern wie Mohammed,
nicht Buddhisten, sondern wie der Buddha.«
WAYNE W. DYER, MIT ABSICHT

Unsere Religion ist spirituell

Wenn Sie diese Überschrift lesen, in der die Worte »spirituell« und »Religion« im selben Satz stehen, könnte es vielleicht sein, dass eine unkontrollierte Bewegung Ihres Arms dieses Buch auf den Boden befördert. Das Risiko gehe ich ein, auf die Gefahr hin, dass Sie dieses Kapitel, das ich mit so viel Freude geschrieben habe, überspringen.

Für viele von Ihnen – davon darf man sicherlich ausgehen – hat die Religion ihre Anziehungskraft verloren. Vertreter der Religionen verkörpern in immer geringerem Maße spirituelles Leben, sei es wegen Intoleranz, extremen Verhaltens oder auch, weil sie Machtpositionen übernommen haben. Und doch sind die Religionen der Grund, warum die Vorstellung von Spiritualität schon so lange besteht – und mit ihr das, was ein besonderes Wesensmerkmal des Menschen ausmacht.

Kann man heilige Schriften als einen Zugang zur Spiritualität betrachten und die Menschen, die zu ihrer Verbreitung beitragen, als einfache Übermittler der Botschaft? Priester und Mönche, Nonnen und Pastoren, Mütter und Weise sind, nicht anders als wir, Menschen, die ihre Erfahrungen auf dieser Erde machen. Und Sie wissen ebenso gut wie ich, dass es nicht immer leicht ist, im Einklang mit seinen Prinzipien zu leben.

Ich sollte hier erwähnen, dass ich von Menschen erzogen wurde, für die allein die Vernunft zählte und die die Ansicht vertraten, nur die Wissenschaft könne die Welt retten. In meinem Kopf hatte sich daher die Überzeugung festgesetzt, Mikroskope und chemische Produkte seien die einzigen Freunde im Leben. Dank meinem gesunden Menschenverstand erkannte ich jedoch, dass die Fakten eher nicht für diese Theorie sprachen. Und so entdeckte ich im Lauf der Jahre, der Begegnungen und der Bücher die Religionen und ihre Anhänger.

Gottheiten hatte ich zwar in die »Schublade« der Mythen und Sagen einsortiert, wie meine Lehrer es mir beigebracht hatten. Doch jedes Mal, wenn mir die Texte, die ich entdeckt hatte, richtig und stichhaltig erschienen, traten sie dennoch wieder ein Stückchen weiter daraus hervor. Darum ist mein Blick auf die Welt der Religion ein bisschen eigenartig – es ist der einer Erforscherin der Spiritualität.

Manche sagen, die Religionen hätten es dem Menschen ermöglicht, fehlzugehen, denn er habe das Gute und das Böse, das ihm hier auf Erden widerfährt, in die Hände eines »Allmächtigen« gegeben. Demgemäß ging man von der Annahme aus, wir alle seien Marionetten eines vorherbestimmten Schicksals, gegen das wir absolut nichts ausrichten könnten, außer zu beten. Diese Theorie lässt jedoch ein Detail außer Acht: den freien Willen. Nichts auf dieser Erde steht unverrückbar fest, alles kann sich ändern, sobald *Sie* es entscheiden. Sie haben *immer* die Wahl.

Ich persönlich fand es sehr beruhigend, dass ich in meinem Leben ein Wörtchen mitzureden hatte. Außerdem: Wenn man merkt, dass das einzig Beständige an diesem Universum seine Unbeständigkeit ist, dann atmet man einmal tief durch, weiß, dass das Rad sich weiterdreht und dass eines Tages das Glück unseren Weg kreuzen wird. Die Schriften hatten mich etwas Gutes gelehrt!

Da Jesus gekreuzigt wurde, um »uns zu erlösen«, könnte es Praktizierenden so scheinen, als sei das Opfer die beste Art und Weise, die eigenen Sünden wie auch die der anderen wiedergutzumachen. Warum nicht?

Wenn nun dieser Mann, zu Tode gequält, mit ausgestreckten Armen und bloßliegendem Herzen, jenen Teil unserer selbst repräsentierte, den wir unter Traditionen und Verboten zu verbergen bemüht sind? – Sehen Sie in diesem geschundenen Christus das »tiefe Ich«, wie ich es nenne, diesen unbewussten Teil, der im selben Rhythmus schlägt wie Ihr Herz und der auf dem Altar des Materialismus gemartert wurde. Es wartet nur darauf, von Ihnen befreit zu werden.

Dieses tiefe Ich ist, genauso wie Jesus Christus, in jedem von uns; es ist jederzeit bereit hervorzutreten und weiß, dass allein die Liebe uns erlösen kann. Das einzige Leid, das es Ihnen verursacht, ist das Gefühl, es gebe noch etwas Größeres, als ein Auto, ein Haus oder eine Familie zu haben. Dieser Schmerz rührt daher, dass Ihre Spiritualität nicht zum Ausdruck gebracht wird.

Die Bibel berichtet von der Wiederauferstehung Jesu Christi, was ich als ein sehr positives Zeichen ansehe. Dieses tiefe Ich, dieser von seinen Ängsten gekreuzigte Christus, ist wiederauferstanden. Müssen wir darin nicht ein Beispiel dafür sehen, dass wir in der Lage sind, das Wunder unseres Lebens zu sein? Wir können das, was tief in uns ist, wieder ins Leben zurückkehren lassen, und das beste Mittel, damit dies gelingt, ist die Liebe.

Ich betrachte das Kreuz mit Jesus und sage mir: Eines Tages befreie ich vollständig diese mir innewohnende Fähigkeit, bedingungslos alles Existierende zu lieben, und sorge dafür, dass das Leid dieses Gekreuzigten für immer aus meinem Leben verschwindet. Stellen Sie sich vor, alle Menschen beschließen, das Göttliche in sich sprechen zu lassen, unabhängig davon, ob sie katholisch, evangelisch, Muslime oder Hindus sind – denn was spielt die Religionszugehörigkeit schon für eine Rolle? In diesem Moment könnte ein anderes Symbol in Tempeln und Kirchen auftauchen. Und warum nicht ein Text mit der Aussage: »*Danke, ich liebe dich*«?

Träumen ist erlaubt.

Ho'oponopono, Wiedergeburt und Familie

Denjenigen, die wie ich an die Wiedergeburt glauben, möchte ich sagen, dass ich in der Ho'oponopono-Praxis einen Sinn gefunden habe, warum wir alle hier sind, in diesem Leben. Ich fasse an dieser Stelle das Prinzip der Wiedergeburt zusammen, wie ich es verstehe, um die Gedankengänge für Sie leichter nachvollziehbar zu machen.

Alles beginnt mit der Empfängnis des Selbst, des tiefen Ich, wie ich es nenne. Wir sollten uns nicht als Individuum aus Fleisch und Blut verstehen, sondern vielmehr als eine

»reisende Seele«, deren Lehrzeit sich über mehrere Leben erstreckt. Wenn Sie in dem Zustand sind, der Ihrer Ankunft auf der Erde vorausgeht, also in dem einer Seele, dann haben Sie eine globale Sicht des Universums und des Platzes, den Sie darin einnehmen sollen. Die Einsicht, ja sogar die absolute Erkenntnis, stellt sich offenbar mit der Lebenserfahrung ein. Und was könnte besser sein, als auf diesen kleinen blauen Planeten zu kommen, um hier zu lernen? Das ist der Moment, in dem Sie die Entscheidung treffen, sich an einem Ort in einer bestimmten Familie zu inkarnieren. Eine Entscheidung, die Sie allem Anschein nach vergessen haben, sobald Sie erst einmal hier auf Erden wiedergeboren worden sind, die jedoch an jenem Tag wieder hochkommt, an dem Ihnen bewusst wird, dass Sie mit Ihrem tiefen Ich in Kontakt treten können – dem Ich, das Sie außer Acht gelassen hatten und das Sie wieder mit Ihrer erlebnishungrigen Seele verbindet. Vielleicht hatten Sie es ja beiseitegelegt, um es besser wiederzufinden. Kurzum, die Kontaktaufnahme fand statt, entweder durch Meditation oder durch eine Rückkehr zur Natur. Sie spüren im tiefsten Inneren, dass Sie mit dem Ziel hierhergekommen sind, durch Erfahrung Ihr Wissen zu bereichern, und mit ein wenig Glück könnte dieses Leben das letzte sein, das Sie hier verbringen müssen – vor dem großen Sprung ins Nirwana.

Bis dahin müssen Sie mit der Familie leben, die Sie sich ausgesucht haben. Ein nicht anwesender oder gewalttätiger Vater, eine Mutter, die Sie herabsetzt oder die gleichgültig ist, ein unausstehlicher oder beschränkter Bruder, eine nervtötende Schwester, die nicht ganz bei Trost ist: Das ist nicht nur Ihre Familie, sondern Sie haben sich sogar selbst entschieden, ein ganzes Leben darin zu verbringen. Und was können Sie tun, damit Mitgefühl in Ihr Herz einkehrt und Sie die Entscheidung akzeptieren, in eine Familie hineingeboren worden zu sein, in der so viel Gewalt und Gleichgültigkeit herrschen? Sie könnten Ihrer Seele, Ihrem tiefen Ich »verzeihen«, dass Sie die Entscheidung getroffen haben, unter diesen Menschen leben zu wollen. Es geht einfach nur darum, ihr zu danken, dass sie diese Entscheidung verwirklicht hat.

Nichts ist besser, als sich selbst mit Liebe zu vergeben, um anschließend anderen zu vergeben und Mitgefühl zu empfinden.

Das wichtigste Unterrichtsfach in der Schule des Lebens ist »die Familie«. Sie können sich ihm nicht entziehen, denn selbst als Waisenkind lernen Sie alles dadurch, dass Sie keine Familie haben.

In diesem Konzept der selbst gewählten und gewollten Reinkarnation ist die Familie sehr viel mehr als nur eine Widerspiegelung unserer Persönlichkeit. Sie ist der Spiegel der Seele. Mehr noch, sie ist die Übermittlerin und Schützerin dessen, was wir auf Erden lernen.

Manche müssen lernen, emotional gelassen zu sein, andere, keine Erwartungen zu haben. Unabhängig davon, wie viele Leben wir durchlaufen: Es wird so lange dauern wie für unseren Erkenntnisprozess nötig.

Sobald mir voll bewusst wurde, dass die Wahl meiner Familie auf diese Weise geleitet worden war, erkannte ich, dass ich mich nicht mehr dagegen wehren, nicht mehr gegen mich selbst ankämpfen sollte. Anklagen, Groll, Enttäuschungen und Erwartungen, die ich in Bezug auf meine Eltern angehäuft hatte, verloren immer mehr an Substanz. Schließlich musste ich mir eingestehen, dass ich mich bei Menschen inkarniert hatte, die es mir ermöglichten, vieles zu verstehen, und dass ich keine bessere Umgebung für meine Entwicklung hätte finden können. Wenn ich die so einfachen Worte *»Danke, ich liebe dich«* angesichts von Schwierigkeiten mit meinen Angehörigen benutzte, empfand ich diese Dankbarkeit voll und ganz. Sie richtete sich auf meinen Vater, meine Mutter, meinen Bruder und auch auf mich. Ich glaube, ich habe sogar noch ein bisschen mehr getan, als meine Entscheidung, in diese Familie hineingeboren zu werden, zu akzeptieren: Ich habe gelernt, den Teil in mir zu lieben, der vor dieser Entscheidung stand. Ich habe begonnen, mich selbst zu lieben.

Die Ho'oponopono-Praxis ist eine Methode, den Prozess des Annehmens unserer menschlichen Situation zu beschleunigen, um anschließend zu lernen, was für die Entwicklung unserer Seele oder unseres tiefen Ich erforderlich ist.

Wenn ich mich hier, in dieser Zeit, inkarniert habe, dann bestimmt deswegen, weil ich an der Entdeckung der Selbstliebe teilhaben wollte, oder besser noch, ich hatte vielleicht den Wunsch, voll und ganz zu leben, um das letzte Entwicklungsstadium der Seele zu erlangen. Aus welchem Grund auch immer: Ich fühle mich gut, wenn ich Ho'oponopono praktiziere, ich nehme das Leben hier auf Erden mit den Meinen an. Was könnte ich mehr verlangen, als dass es so weitergeht?

Unsere Angehörigen geben uns die Gelegenheit zu lernen, wie man liebt. Ob wir an die Wiedergeburt glauben oder nicht: Die Familie ist dazu da, uns zu lehren, den Teil in uns selbst zu lieben, den wir so verschmähen. Sie spiegelt wider, was wir tief in uns zu verbergen bestrebt sind. Sie ist der Bote unseres tiefen Ich.

Ist Ihnen noch nicht aufgefallen, dass die Bemerkungen Ihrer Angehörigen immer dorthin zielen, wo es wehtut? Vielleicht, weil sie Sie gut kennen oder, noch wahrscheinlicher, weil Sie mit ihnen jene Situation geschaffen haben, die Sie zu diesem Konflikt geführt hat. Sie sind der Schöpfer dieser Situation. Sie haben alle notwendigen Vorbereitungen getroffen, damit diese ruhig in Ihnen schlummernden Erinnerungen aufgedeckt und ans Licht gebracht werden, damit Sie sie reinigen können. Ihr Vater oder Ihre Mutter haben lediglich auf dieses Bedürfnis reagiert und die Botschaft Ihres tiefen Ich übermittelt.

Warum also nicht einmal eine Mahlzeit in der Familie für eine intensive Reinigung nutzen? Das hat außerdem einen praktischen Nutzen: Statt falsche Erinnerungen über mehrere Wochen oder Monate hinweg zutage zu fördern, können Sie in nur wenigen Stunden die größtmögliche Anzahl von ihnen reinigen. Natürlich soll die Familie nicht nur mit dem einzigen Ziel zusammengeführt werden, aktuelle oder vergangene Konflikte zu lösen. Sie können jedoch die Gelegenheit eines Geburtstags oder einer Hochzeit nutzen, um die Gefühle, die in Ihnen in Anwesenheit von Onkel Robert oder Cousin Martin aufkommen, zu bestimmen. Es gilt, diese an die Oberfläche steigen zu lassen, sie zu erkennen.

»Wenn ich mit Tante Sophie zusammen bin, spricht sie immer nur von ihren Geldsorgen. Und jedes Mal regt mich das auf! Ich habe den Eindruck, sie meint, ich hätte Geld wie Heu.«

Die Interpretation dessen, was Tante Sophie sagt, ist sicherlich falsch, doch das Gefühl, das Sie empfinden, ist sehr real. Und genau in diesem Moment können Sie den Ho'oponopono-Prozess in Gang setzen: *»Es tut mir leid, bitte verzeih mir, Tante Sophie, dass ich diese Begegnung verursacht habe. Danke, Tante Sophie, dass du das Wiederaufsteigen dieser falschen Erinnerung in mir hervorgerufen hast. Ich liebe dich, die Übermittlerin, dich, die du ein Teil von mir bist – und von meiner Familie.«*

Dasselbe gilt, wenn Sie Ihrer Schwester gegenüberstehen, bei der gerade Krebs diagnostiziert wurde und die trotzdem raucht wie ein Schlot. Es hat keinen Sinn, in Zorn zu geraten oder der Schwester Ihre Besorgnis zu vermitteln, doch Ihnen steht ein hervorragendes Mittel zur Verfügung: *»Es tut mir leid, bitte verzeih mir, danke, ich liebe dich.«* Wiederholen Sie es so oft wie nötig, und senden Sie Ihrer Schwester anschließend Liebe. Wenn das Verurteilen wegfällt und die Besorgnis schwindet, dann wird es möglich, zu kommunizieren und gemeinsam etwas zu tun, damit die Krankheit nicht alle belastet.

Weil der Prozess der Liebe initiiert wurde, strahlt er auf alles um Sie herum aus. Alle, die Sie umgeben, spüren diesen Frieden, und die spitzen Bemerkungen wandeln sich in Richtung Respekt. Der Spiegel, den Ihre Familie darstellt, kann zur Widerspiegelung der Liebe werden, mit der Sie sich verbinden.

Ihre Seele hat die besten Hilfsmittel für Ihre persönliche Entwicklung ausgewählt: Ihre Kinder, Ihre Eltern, Großeltern, Geschwister, Onkel und Tanten. Nutzen Sie sie! Sie sind dazu da, Ihr Wachstum zu fördern.

ÜBERRASCHUNG

Hier ein Trick, der mir bei meiner anfänglichen Ho'oponopono-Praxis sehr geholfen hat, frei von Erwartungen zu sein. Bei jeder Reinigung sagte ich: »*Es tut mir leid, bitte verzeih mir, danke, ich liebe dich … Überraschung!*«

»Überraschung« sollte meinen Verstand darauf hinweisen, dass auf jeden Fall etwas geschehen würde und dass er es zulassen sollte. Ich hatte weder die geringste Ahnung, wie es geschehen würde, noch wo, wann oder was es überhaupt sein würde.

Meine einzige Überzeugung war die, dass eine Lebensüberraschung sich im Anschluss an die Reinigung, die ich kurz zuvor durchgeführt hatte, einstellen würde. Das Ich war zufrieden und beschäftigt, wenn es das Wort »Überraschung« vernahm, was meinem tiefen Ich Zeit ließ, etwas Unerwartetes für mich zusammenzubrauen. Das hat

nie versagt – stets kamen die unterschiedlichsten und erstaunlichsten Geschenke.
Heute habe ich nicht mehr das Gefühl, »Überraschung« sagen zu müssen. Ich habe verstanden, dass ich uneingeschränktes Vertrauen haben kann und nichts zu erwarten brauche. Das Staunen ist zwar immer noch da, doch meine heutige Gewissheit, dass immer die richtige Lösung zu mir kommt, wird immer selbstverständlicher.

Noch etwas Buddhismus

Ihaleakala Hew Len zufolge ist der Nullzustand das Ziel der Ho'oponopono-Praxis. Diesem Zustand entspricht meinem Verständnis nach der Zustand, der in der buddhistischen oder auch in der Zen-Meditation angestrebt wird. In der buddhistischen Meditation ist eines der Ziele, die Gedanken zur Ruhe zu bringen und gewissermaßen eine geistige »Leere« zu erreichen. Dieser Zustand ähnelt dem Nullzustand des Ho'oponopono, der das Empfangen von Eingebungen – Inspiration – ermöglicht. Wir sollten verstehen, welche Bedeutung darin liegt, »leer« zu sein, und inwiefern Ho'oponopono eine kostbare Hilfe dabei sein könnte.

Den Zustand der Leere herstellen,
ja, aber warum?

Zunächst möchte ich Ihnen von dieser kleinen Stimme erzählen, die in Ihrem Kopf eindringliche und nicht immer positive Refrains wiederholt. Das ist das Denken. Es setzt bei der ersten sich bietenden Gelegenheit ein und hält die ganze Zeit an. Außerdem ist er unglaublich, dieser Verstand! Er kennt die Antwort auf alles, weiß einfach alles. Selbst, wenn es falsch ist oder wenn er es nie überprüft hat: Er sagt es trotzdem. Für mich ist er wie ein Kind, das bei seinen Freunden Eindruck schinden will und Geschichten erzählt, die es von Erwachsenen gehört hat, deren wahre Bedeutung es aber nicht kennt. Es redet unablässig – gegebenenfalls auch am Thema vorbei.

So nimmt ein stetiger Fluss an Überzeugungen Form an und ergießt sich in Ihren Geist. In Ihrer Kindheit nahm Ihr Verstand zuallererst die Äußerungen derjenigen auf, die Sie aufzogen. Von da an wie auch im weiteren Verlauf der Jahre lauerte er auf alles, was die Dinge, die Ihnen erzählt wurden, bestärkte. Er speichert diese neuen Daten auf der Festplatte Ihrer Überzeugungen und wiederholt Ihnen diese anschließend endlos.

Der Verstand sortiert die Informationen, die Sie erhalten, und wenn einige dabei unter den Tisch fallen, werden sie von Ihrem Unterbewusstsein eingesammelt. Ihr tiefes Ich ist mit Ihrem Unterbewusstsein verknüpft und kann dadurch »die Fahnen schwenken«, um Ihre Aufmerksamkeit im Fall eines »Systemfehlers«, also wenn es falsche Erinnerungen empfängt, auf sich zu ziehen. Es greift im Allgemeinen auf Träume und Eingebungen zurück, jene beiden Hilfsmittel, die Ihr Verstand so sehr bemüht war, von Ihnen fernzuhalten. Wenn Ihr tiefes Ich also falsche Überzeugungen empfängt, findet eine unmittelbare Reaktion statt, die für Sie nicht unbedingt wahrnehmbar ist, da das Denken unablässig »plappert«. Albträume können sehr aufschlussreiche Anzeichen sein. Im System Ihrer Überzeugungen ist ein »Bug«, und Sie haben nichts gesehen.

Ihr Unterbewusstsein oder tiefes Ich gebärdet sich dann wie ein Verrückter, um Ihnen zu verstehen zu geben, dass es einen Virus hat. Es läutet sämtliche Alarmglocken und geht sogar so weit, gravierende Geschehnisse zu inszenieren, damit Sie eine Neuformatierung, eine Reinigung Ihrer Überzeugungen durchführen.

Konkreter: Der Verstand ist derjenige, der Ihnen immer wieder vorbetet, dass man für Schönheit leiden muss, dass Geld hart verdient sein will, dass reiche Menschen Diebe sind, dass Krankheit ausschließlich dazu da ist, Ihnen Schmerzen zu bereiten … all diese harmlosen Sätze, die Sie zu dem Glauben verleiten, Sie verdienten es nicht, Glück zu haben, das Leben sei nicht lebenswert und Sie selbst seien ebenfalls wertlos, weil Ihnen zum Beispiel gerade gekündigt wurde. Im Grunde genommen ist es eine Art »Unkerei«, von Ihnen selbst für Sie selbst hervorgerufen.

Es könnte sein, dass sich hinter dem
Flügelschlag der schwarzen Schwingen Ihres Verstands
Ihre tiefsten Sehnsüchte verbergen, diejenigen,
die Ihre innere Schönheit und Ihren wahren Wert zeigen.

Ich glaube, Sie verstehen allmählich, worauf ich hinauswill. Wäre es nicht sinnvoll, dieses launenhafte Kind – Ihren Verstand – zum Schweigen zu bringen, um die positiven Elemente in Ihnen hervorzuheben?

Die Leere, von der Ihaleakala Hew Len spricht, ermöglicht es Ihnen, zuzuhören und dem wahren Weg zu folgen: Sie ist das Göttliche in Ihnen, das Selbstverwirklichung für Sie möglich macht und Ihnen zeigt, dass Sie wegen der Kündigung Ihren Lebenstraum realisieren können, zum Beispiel, Bergführer oder Lehrerin für behinderte Kinder zu werden. Dieser Weg bringt Sie auch dahin, Ihr Gesicht und Ihren Körper als ein Wunderwerk zu betrachten, in dem die komplexe Ansammlung einfacher Zellen dieses unglaubliche Ergebnis zuwege gebracht hat – und ebenso in jedem Lebewesen dieselbe wunderbare Ausarbeitung des Lebens zu sehen. Dank dieser inneren Leere, die Sie erzeugen, wird Ihnen schließlich die Erkenntnis zuteil, dass das Universum Fülle ist und dass alles für alle im Überfluss vorhanden ist. Sie wissen, dass Sie Glück verdienen.

Dann schwenken Sie bei jeder negativen Aussage, die Ihr Verstand aus dem Hut zieht, Ihren Ho'oponopono-Zauberstab und verwandeln sie in eine weiße Taube, die ihre Flügel der Liebe und der Dankbarkeit ausbreitet. Die Leere, die daraus entsteht, lässt Raum für Frieden, für dieses reine Gefühl, das Lebensfreude hervorbringt.

Ist der Verstand erst einmal zur Ruhe gekommen oder in einem friedvollen Zustand, gibt er Ihnen dadurch die Möglichkeit, vollkommen offen und empfänglich für die Gelegenheiten zu sein, die sich in Ihrem Leben bieten. Wenn der Verstand fortwährend sagt »*Diese Erde ist ein Jammertal!*«, dann sehen Sie tatsächlich nur Elend und vergessen, dem Obdachlosen zuzuhören, an dem Sie gerade vorübergegangen sind und der vor allem Aufmerksamkeit brauchte. Wenn der Verstand Ihnen einhämmert »*Ich schaffe nie etwas*«, dann geben Sie ihm Recht und schreiten nie zur Tat, wenn die Gelegenheit sich bietet; oder Sie warten lieber ab, statt für positive Ereignisse zu sorgen. Darum gibt es nichts Besseres, als Leere herzustellen, um Raum für alle Möglichkeiten zu lassen. Leere schaffen heißt, dass das göttliche Handeln sich durch Sie als Mittelsperson manifestieren kann. Sie handeln mit einem Führer, der aufmerksamer gegenüber Ihren Bedürfnissen ist. Und wie sonst sollte man Leere herstellen als dadurch, dass man die angesammelten Überzeugungen immer wieder reinigt?

Leere herstellen

Hier eine kleine Geschichte, die Wayne W. Dyer nacherzählt. Mithilfe dieser Geschichte können Sie sich ein für alle Mal einprägen, wie sinnvoll es ist, diese Reinigung, also Ho'oponopono, zu nutzen, um leer zu werden.

Der Meister spricht zu seinem Schüler: »*Stelle Leere her.*«

Der Schüler erwidert, er wisse nicht, wie das geht.

»*Was tust du denn nach dem Essen?*«, fragt der Meister.

»*Ich verdaue*«, antwortet der Schüler.

»*Nein*«, entgegnet der Meister. »*Du spülst deine Schale!*«

Für mich war diese Geschichte jedenfalls eine Offenbarung … voller Lebensklugheit und Humor.

Hier und jetzt

Ein anderes Element, das Übereinstimmungen mit bestimmten buddhistischen Lehren aufweist, ist die Tatsache, dass jeder Augenblick Gelegenheit bietet, Ho'oponopono zu praktizieren, also hier und jetzt gegenwärtig zu sein. Wenn Sie ein traumatisches Erlebnis haben und darauf achten, die Reinigung umgehend durchzuführen, dann sind Sie in der Gegenwart. Verärgert Sie eine Nachricht bzw. bringt Sie diese geistig aus dem Gleichgewicht und Sie führen die Reinigung durch, dann sind Sie in der Gegenwart.

Die Zukunft ist ungewiss, die Vergangenheit ist vorbei. Nur die Gegenwart zählt.

Wenn Sie hören, wie Ihre Nachbarin mit ihrem Mann über eine Sturmwarnung im Radio spricht, dann sollten Sie die Erinnerungen reinigen, die in jenem Moment aktiviert werden, statt sich das Schlimmste vorzustellen. So vermeiden Sie den Gedanken, die für den nächsten Tag geplante Reise abzusagen und auf den Besuch bei Ihren Kindern zu verzichten. Denn hier sind Sie im Bereich der Vermutungen, also in der Zukunft. Sie könnten sich zwar den letzten Sturm in Erinnerung rufen, als umgestürzte Bäume und Überschwemmungen den Verkehr stundenlang lahmgelegt hatten. Dann sind Sie aber in der Vergangenheit. Um in der Gegenwart bleiben zu können, im Hier und Jetzt, reinigen Sie die Befürchtungen, die Sie zu überwältigen drohen, indem Sie einfach sagen »*Tut mir leid, danke, ich liebe dich*«, um innerlich zur Ruhe kommen. Sie können so den Fortgang des Gesprächs verfolgen, in dessen weiterem Verlauf Sie erfahren, dass der Sturm voraussichtlich eine geringe Windstärke haben und nur in der Nacht über Ihren Wohnort hinwegfegen wird.

Wie in dieser kleinen Geschichte beschrieben, liegt der Sinn des Gegenwärtigseins darin, in Kontakt mit der Wirklichkeit zu sein, weit von negativen Gedanken entfernt. Denn Letztere kommen, wenn Sie in der Vergangenheit sind (längst vergangene Erfahrungen) oder in der Zukunft (unkontrollierte Hirngespinste). Im Gegensatz zu dem, was gemeinhin angenommen wird, sind Sie nicht realistisch, wenn Sie sich auf längst überholte oder vorgestellte Gegebenheiten beziehen. Sie sind in der Realität, wenn Sie hier und jetzt alle Informationen hören, die Ihnen in diesem Augenblick gegeben werden und die Ihnen einen vollständigen Einblick verschaffen.

Dasselbe gilt, wenn Sie sich mit Ihrer beruflichen Vergangenheit identifizieren. *»Ich bin eine Führungskraft im Ruhestand.«* Das ist, als stünden Sie mit einem Bein in einer vergangenen Welt. Sie leben nur noch zur Hälfte.

»Früher haben Kinder ältere Menschen respektiert. Das war noch in der guten alten Zeit.« – Sie leben im wehmütigen Rückblick auf frühere Tage und ziehen sich in eine idealisierte Vergangenheit zurück. Es wird sehr viel schwieriger, die guten Seiten Ihres derzeitigen Lebens zu sehen, wenn Ihr Kopf im Gestern bleibt.

»Die Chefs sind nicht mehr so kulant wie früher.« – Sie gehen zur Arbeit und wiederholen dabei immer wieder, welche Vorteile Sie seit der Übernahme Ihrer Firma verloren haben. Sie leben noch in der Vergangenheit, sehen nicht die

Gelegenheiten, die sich Ihnen bieten, weil Ihr Blick nur auf die Kündigungen geheftet ist, die Schlag auf Schlag aufeinander folgten. All das wird erzeugt, weil Sie nicht in der Gegenwart sind, nicht verbunden mit Ihrem tiefen Ich, das der Wirklichkeit angehört.

Dadurch, dass Sie sich in der Gegenwart verankern, werden Sie realistisch. Fernab von Sorgen und Ängsten, begeben Sie sich mitten in die Wirklichkeit des Moments. Die früheren Erfahrungen erhalten wieder ihren Platz in der Vergangenheit, eingeordnet in die Schubladen des Gedächtnisses. Sie haben ihre Rolle in einem bestimmten Moment gespielt und es Ihnen ermöglicht, Ihre Identität aufzubauen.

Die Vergangenheit ist nicht Ihr Leben, sie ist ein Stein unter vielen anderen, der zu Ihrem Vorankommen beigetragen hat. Ihre Zukunft wiederum ist erst in Ihrer Fantasie, bevor sie Form annimmt.

Dieses Denken, das Sie ganz und gar selbst erschaffen haben, kann zur Realität werden. Dass dies in der Macht des Geistes steht, wird heutzutage von vielen Philosophen und Wissenschaftlern anerkannt. Darum ist es wichtig, die Beschaffenheit Ihrer Gedanken zu kontrollieren. Je besser Ihre Art zu denken ist, umso besser wird Ihre Zukunft sein. Und wenn Sie noch an Ihrer Fähigkeit zweifeln, sich eine glänzende Zukunft zu kreieren, dann lassen Sie Ihr Unterbewusstsein oder Ihr tiefes Ich einfach machen. Um diesem dabei zu helfen, sich von Sorgen, Ängsten und Befürchtungen fernzuhalten, greifen Sie auf die Reinigung zurück, indem Sie Ho'oponopono aktivieren. Ich würde sogar sagen, in diesem Fall sollte es uneingeschränkt angewandt werden.

Liebevolles Mitgefühl

Ho'oponopono bewirkt, dass Sie jedes Detail Ihres Lebens intensiver und mit viel mehr Mitgefühl und Liebe betrachten. Ein weiterer Weg, der mit der Religion übereinstimmt.

»Danke, ich liebe dich« ist ein Mantra, das ganz leicht immer wieder gesagt werden kann. Durch diese Worte können Sie auch in Kontakt mit dem Göttlichen – der eigenen Göttlichkeit – treten. Ich habe verstanden, wie wirkungsvoll das Wiederholen dieser Äußerungen sein kann und warum es so sinnvoll ist, Gebete endlos zu wiederholen. Es ist eine Methode, einen Automatismus im Gehirn herzustellen, ein Mittel, den Verstand zu beschäftigen und ihm durch ständige Wiederholung eine neue Vorstellung einzuprägen. Seien Sie dennoch wachsam, denn Worte können eine doppelte Bedeutung haben. Wie bestimmte Wortspiele zeigen, kann Ihr Unterbewusstsein eine Aussage unterschiedlich verstehen: *»Der Berg ruft – der Bär groovt«* ist ein Beispiel, das verdeutlicht, wie leicht Ihr Unterbewusstsein alltägliche Sätze uminterpretieren kann, Gebete sind von dieser Regel nicht ausgenommen.

Heute, wenn mein Verstand bei einem Geschehnis davongaloppiert, habe ich dieses Reinigungswerkzeug zur Verfügung, das sich von ganz allein bereitstellt und meinen Überzeugungen vollkommen entspricht. Es ist die erste

Technik, die ich so mühelos nutze. Ich denke, das ist deswegen so, weil die Worte »*Verzeih mir, danke, ich liebe dich*« kaum Spielraum für Fehlinterpretationen bieten.

Und dadurch, dass Sie am Anfang »*Verzeih mir*« sagen, also um *Vergebung* bitten, leiten Sie das Gespräch mit Ihrem tiefen Ich damit ein, dass Sie etwas von sich selbst – Ihrem wahren Wert – *geben*.

»*Danke*« versetzt Sie in einen Zustand des Vertrauens, des Glaubens an das Leben, der Dankbarkeit für die Zeit der Gegenwart, für die vergangene oder noch kommende Zeit. Sie danken allem Lebenden: den Menschen, Tieren, der Natur, der Erde, allem, was Sie geschaffen haben. Ja, Sie verfügen über ein großes kreatives Talent!

»*Ich liebe dich*« ist ein Satz, in dem das Subjekt neben dem Begriff »liebe« steht, der wiederum an »dich« gereiht ist. Da ist das »Ich«, das zu »mir« gehört und tiefgehend ist. Dann ist da das »dich«, der andere, mein Spiegel, mein Abbild, meine eigene Natur. Was »liebe« angeht, so ist es die schönste Anweisung, die ich je »liebevoll« von mir selbst entgegennehmen durfte.

»*Danke, ich liebe dich*« ist ein unsichtbares Gebet, das Sie innerlich sprechen, für sich selbst als den Menschen, den Sie im Alltag am häufigsten vergessen … und wenn das keine Worte sind, die Sie im Besten des Lebens verankern können, so kommen sie dem jedenfalls sehr nahe.

Christ sein

Diese grundlegenden Prinzipien der Liebe finden sich natürlich auch im Christentum wieder. Ich nenne hier zuallererst diesen Satz: »*Liebe deinen Nächsten wie dich selbst.*« Es geht mir darum, daran zu erinnern, dass »der Nächste« der Spiegel unseres Lebens ist, und ich möchte Ihnen verständlich machen, dass Sie und ich durch dieses heilige Band der Liebe miteinander verbunden sind.

Sich selbst lieben

Doch es ist schwierig, anderen etwas zu geben, was wir selbst nicht haben. Sich »mit Liebe füllen« bedeutet, das zu lieben, was menschlich in uns ist, das ganze komplexe Gebilde, das gleichermaßen Leid wie Glück hervorrufen kann. Nicht urteilen kann ein Weg sein, um Zugang zu diesem Gefühl des Friedens zu finden, und mit Ho'oponopono verfügen Sie über ein Werkzeug, mit dem Sie Urteile jeglicher Art bereinigen können.

Wenn Sie kurz vor dem Aufbruch zur Arbeit versehentlich Kaffee über Ihr Hemd schütten und diese Tat anschließend verurteilen, indem Sie sich als »Schussel« oder »Trottel« beschimpfen, dann senken Sie Ihr Schwingungsniveau und werden genau dadurch zunehmend empfänglich für Aggressionen von außen. Das tagtägliche Herabsetzen Ihrer Handlungen schwächt Ihr Immunsystem und schmälert Ihre Energie.

*Betrachten Sie diese kleinen Unfälle
des Lebens eher als persönliche Botschaften,
die Sie daran erinnern, dass Sie sich selbst nicht
genügend Aufmerksamkeit schenken.*

Statt beim Frühstück die schlechten Nachrichten in der Zeitung zu lesen oder im Radio zu hören, könnten Sie diesen Augenblick der Entspannung wertschätzen, indem Sie die Zeit mit positiven Elementen füllen und den Tag gut beginnen. Konzentrieren Sie sich auf das, was vor Ihrem Küchenfenster geschieht, erkunden Sie die Form der morgendlichen Wolken, beobachten Sie, wie in Ihrer Straße das Leben erwacht. Gönnen Sie sich die Zeit, diesen Augenblick zu genießen.

Dadurch, dass Sie die täglichen Missgeschicke in Dankbarkeit gegenüber dem Leben, gegenüber Gott verwandeln, schicken Sie sich Liebe. Und weil dadurch immer mehr Liebe in Ihnen ist, geben Sie diese auch an all jene weiter, die Ihren Weg kreuzen.

Wenn dann das Brot mit der Marmeladenseite auf den Boden fällt, der Hemdknopf platzt, die Tasse umkippt und keine Milch mehr da ist, dann schicken Sie sich Liebe: »*Tut mir leid, danke, ich liebe dich.*«

Verzeihen

Das andere Element, das häufig mit Ho'oponopono einhergeht, ist die Vorstellung, jeden gegen Sie gerichteten Akt zu verzeihen. Ein bisschen vergleichbar damit, die rechte Wange hinzuhalten, wenn man auf die linke geschlagen wird, sollen wir die »Ohrfeigen«, die das Leben uns schickt, als Anlass nehmen, unsere falschen Erinnerungen zu reinigen.

Der Übermittler der Botschaft ist deswegen nicht davon ausgenommen, Rechenschaft abzulegen. Vergebung bedeutet anzuerkennen, dass man diese Gewalt in sich trägt, dass man sich aber von ihr trennen muss, um weitergehen zu können. Verzeihung ist, wenn Sie dem anderen ebenso wie sich selbst Gelegenheit geben, den Weg der Liebe wiederzufinden.

Vergebung ist etwas anderes als Unterwerfung.

Wenn einer jungen Frau mitten auf der Straße auf dem Heimweg ihre Kette vom Hals gerissen wird, kommt es erst einmal zu einem Schock. In diesem Fall mag es unangebracht erscheinen, Ho'oponopono zu praktizieren, aber denken Sie an die Angst, die die Frau genau in jenem Moment ergreift. Oft stellt sich daraufhin ein intensives Schuldgefühl beim Opfer ein. Und genau von diesen Gefühlen muss die junge Frau sich lösen, um möglichst situationsangepasst agieren zu können.

Wenn Sie in Angst verharren, wagen Sie sich nicht mehr aus dem Haus. Wenn Sie Schuldgefühle haben, wagen Sie nicht, Strafanzeige zu erstatten. Einfach dadurch, dass Sie »*Tut mir leid, danke, ich liebe dich*« sagen, können Sie zur Ruhe kommen und sich wieder fassen. Sie können Folgendes sagen: »*Es tut mir leid, dass ich mit meiner offenen Zurschaustellung dieses Schmucks jemanden in Versuchung geführt habe; es tut mir leid, dass ich mir den Überfall gefallen lassen habe; es tut mir leid, dass ich eine ungünstige Straße genommen habe … Danke, dass du mir diese Erinnerung an die Verletzlichkeit, die Hilflosigkeit, die Wut …*

wieder ins Bewusstsein gerufen hast ... Ich liebe dich, dich, diesen Teil von mir, der diese Situation geschaffen hat.«

Vergeben Sie sich, dass Sie diese Situation kreieren mussten, um die betreffenden Erinnerungen zutage zu fördern, damit diese gereinigt werden konnten. Verzeihen Sie dem Universum, dass es zum Komplizen wurde, verzeihen Sie diesem Mann, dass er Ihnen als Überbringer der Botschaft Schmerz zugefügt hat. Und vor allem: Schicken Sie sich selbst und dem Universum Liebe.

Anschließend können Sie zur Polizei gehen, um diesen Angriff anzuzeigen. Lassen Sie bei der Beschreibung des Diebes kein Detail aus. Manche von Ihnen mögen sich sagen, es sei nicht unbedingt nötig, Anzeige zu erstatten, wenn die Reinigung gut durchgeführt wurde, und das ist gewiss richtig. Ich sage mir auch, dass der Dieb, wenn er gefasst ist, seinerseits Ho'oponopono durchführen kann – vor den Polizeibeamten!

Wenn Sie meinen, Sie seien in einer Situation so großer Gewalt ausgesetzt, dass Sie das Problem im Affekt regeln wollen und dabei die Vergebung vergessen, dann werden Sie unter Umständen mit Hindernissen konfrontiert, die immer schwieriger zu überwinden sind.

Ein kleines Beispiel zur Veranschaulichung

Es ist neun Uhr morgens, Sie kommen zu spät zu Ihrem Termin und wollen gerade eine Abkürzung nehmen, als Sie im letzten Moment eine rote Ampel sehen und mit quietschenden Reifen zum Stehen

> kommen. Eine heftige Erschütterung lässt Sie aus Ihrem Sitz hochfahren – jemand ist hinten auf Ihren Wagen aufgefahren. Sie steigen wutschnaubend aus, um festzustellen, wie groß der Schaden ist. Mit Ihrer Rage angesichts der eingedrückten Stoßstange konfrontiert, will der »Raser« sich nichts gefallen lassen und beginnt seinerseits zu schreien. Die Gemüter sind so erhitzt, dass keiner von Ihnen beiden sieht, wie sich ein Stau bildet. Die anderen Fahrer hupen, zetern. Es ist unmöglich, ein Unfallprotokoll zu erstellen, denn Ihr Gegenüber weigert sich, wegen solch einer Bagatelle seine Versicherung ins Spiel zu bringen. Das Ganze schaukelt sich hoch, und die Polizei wird zur Verstärkung gerufen. Sie müssen Ihre Papiere vorzeigen, die nicht alle in Ordnung sind. Die Person, mit der Sie verabredet waren, wartet bereits über eine Stunde, als Sie sie endlich, völlig entnervt, anrufen.

Mit ein wenig mehr Mitgefühl bei diesem Missgeschick hätten Sie vielleicht verstanden, dass Ihre »sportliche« Fahrweise den Fahrer, der ein bisschen zu spät bremste, ebenfalls in Angst versetzt hat, sodass Sie die Angelegenheit in Ruhe am Straßenrand hätten besprechen und freundschaftlich vereinbaren können, die Reparaturen von seinem Kfz-Mechaniker durchführen zu lassen, um ihm einen Malus bei seiner Versicherung zu ersparen. Anschließend hätten Sie in aller Ruhe wegen Ihrer Verabredung anrufen können, um Bescheid zu geben, dass Sie in ein paar Minuten eintreffen würden, und Sie hätten in Ihren Kalender eintragen können, dass Sie Ihre Papiere auf den neuesten Stand bringen müssen.

Der Spiegel Ihres Lebens kann alle Formen annehmen. Daher ist es sinnvoll, diejenigen zu respektieren, die Sie mit bestimmten Geschehnissen konfrontieren. Vergebung ist ein ausgezeichnetes Mittel, um sich wieder auf den Weg der Liebe zu begeben. Besonders beim Benutzen der magischen Formel, in der Vergebung neben der Liebe steht, wissen Sie bereits, dass Sie genau da ansetzen werden: »*Tut mir leid, dass ich diese Situation hervorgerufen habe; danke, dass du diese Erinnerung geweckt hast, damit ich sie reinigen kann; ich liebe dich; dich, den Überbringer der Botschaft.*«

Wenn Sie als Christ darum bitten,
Ihnen möge vergeben werden, so wie auch Sie
Ihren Schuldigern vergeben, dann ist Ho'oponopono
eine große Hilfe, um diesen weisen Reflex zu haben.
Für Nichtchristen ist Vergebung der Schlüssel,
der die Türen der Liebe öffnet.

Ein bisschen Islam

Der Prophet hat den Menschen Regeln gegeben, um in Ehrfurcht vor Gott zu leben, darunter auch das Gebot, sich weder ein Bildnis von Gott noch von den Wesen auf der Erde zu machen. So erklärt sich, dass es all die wundervollen Fresken und Arabesken gibt, die muslimische religiöse Bauwerke schmücken. Die Vorstellungskraft der Künstler ist so reich! Wenn der Blick auf eine ihrer Werke fällt, regt dies unmittelbar zur Kontemplation und Meditation an. Vielleicht ist das der Grund, warum Moscheen so inspirierend sind. Es gibt keine Bilder von Gottheiten oder Heiligen, in denen das Ich sich verlieren könnte, sondern man ist einfach auf sich selbst zurückgeworfen, um sich besser mit Gott verbinden zu können. In den Häusern der Praktizierenden dieses Glaubens, wo kein Heiligenbild den Verstand anspricht, ist es unter Umständen leichter, den wahren Spiegel – nämlich den Gottes – zu verehren. Denn er ist es, der dem Leben einen Sinn verleiht.

Alles ist geistig

Ich sehe in dieser Absenz, diesem Fehlen, auch eine starke Präsenz, ja sogar etwas, das für unsere Erkenntnis essenziell ist. Denn Gott ist grenzenlos. Keine Form, keine Dimension, kein Ort vermag ihn zu repräsentieren. Nichts Materielles kann sich mit ihm identifizieren.

Ich möchte noch einen Schritt weiter gehen und füge hinzu, dass auch der Mensch und alle Lebewesen auf der Erde – ebenso wie Gott – nicht darstellbar sind. Könnte man in dieser Metapher nicht eine erhabenere Definition des Menschen sehen? Ich möchte von unserer nicht materiellen Göttlichkeit sprechen. Sie wohnt jedem von uns inne. Wir sind nicht nur ein physischer Körper, sondern sehr viel mehr; wir sind geistig. Erschaffene und Schöpfer sind vereint in dieser universellen Energie. Genauso sind Sie in dieser Welt »unterwegs«.

Sie sind göttliche Wesen im wunderbarsten Sinne des Wortes. Sie sind sehr viel mehr als ein Beruf, mehr als eine Vater- oder Mutterrolle, Sie sind mehr als die Krankheit, die Sie haben. Sie sind ein Teil Gottes.

Hiermit öffnet Ho'oponopono der unglaublichen Wiederentdeckung der menschlichen Natur die Tür. Es verpflichtet Sie nicht nur dazu, in sich zu gehen, sondern fordert Sie auch dazu auf, sich selbst all die Dankbarkeit und Liebe entgegenzubringen, die Sie verdienen.

Unsere Orientierungspunkte wiederfinden

Wenn ich zu Fuß in den Straßen von Marrakesch unterwegs war und den Gebetsruf hörte, musste ich lächeln. Fünfmal am Tag vergegenwärtigte ich mir, wer ich wirklich war: ein geistiges Wesen. Fünfmal am Tag verband ich mich wieder mit meiner inneren Göttlichkeit. Fünfmal am Tag fand ich Frieden.

Heutzutage lassen die Kirchen die Glocken des Geistig-Spirituellen nicht mehr läuten. Die moderne Gesellschaft hat beschlossen, diese Rufe in Kommunikationswerkzeuge zu verwandeln, die uns zum Konsum anregen und unsere wahre Berufung vergessen lassen.

Unter dem Vorwand der religiösen Neutralität wurde das Göttliche, das Teil aller Menschen ist, verschleiert, und genau dieser mangelnde Kontakt löst in ihnen das unbezwingbare Verlangen aus, ihre Wohnung anzufüllen. Sie haben Liebe durch Vergnügen ersetzt, ein Gefühl, das nicht dauerhaft ist und das sie mit technischen Spielzeugen und flüchtigen Romanzen in Gang halten. Werbespots und Fernsehnachrichten treten an die Stelle der läutenden Kirchenglocken, das Dorf belebt sich im Rhythmus des Virtuellen. Wie kann man seine geistig-spirituelle Orientierung wiederfinden in einer Welt, in der alles ferngesteuert ist?

Es gibt mehrere Möglichkeiten, mit unserem göttlichen Anteil in Kommunikation zu treten. Die Religion ist ein Weg, doch es gibt viele andere. Um uns unsere wahre Natur in Erinnerung zu rufen, können wir alles nutzen, was auf das Beste in uns verweist. Es ist zwecklos, sich mit Idealen zu vergleichen, die vollständig von den Medien kreiert worden sind. Wir sind einzigartig und gleichzeitig fest mit allen anderen Wesen im Universum verbunden. Rufen Sie sich nur ins Gedächtnis, dass diese Verbindung göttlich ist, es ist eine Band der Liebe. Die anderen tragen genauso viel Liebe in sich, sind ebenso geistig-spirituell wie Sie, sogar Ihr Nachbar, der um zwei Uhr nachts aus seinem Fenster hinausbrüllt. Diese Schwingung der Liebe hat sich in Materie verwandelt, um dem Leben in all seinen Teilchen die Chance zu geben, zu existieren. Also stoßen diese Teilchen im großen irdischen Chaos aneinander. Ebenso sind sie aber auch in der Lage, harmonisch im Gleichklang zu sein, in einem Gesang des Friedens. Dafür müssen sie aber wieder zu ihrem geistig-spirituellen Weg zurückfinden. Und um sie wieder auf diesen Weg zu bringen, können Sie einen Aufruf zur Liebe wie *»Es tut mir leid, danke, ich liebe dich«* einsetzen.

»Kreative Kreaturen«

»Das 21. Jahrhundert wird religiös sein, oder es findet nicht statt« (Malraux). Ein Satz, der in dem Moment, da ich diese Zeilen schreibe, seine volle Bedeutung erlangt, denn die Regale der Buchläden füllen sich mit spirituellen Erfahrungen von Frauen und Männern auf der Suche nach ihrer Göttlichkeit. Und die Anzahl derjenigen, die die Welt anders sehen, wächst stetig. Heute ist uns klar, dass es nicht genügt, eine Institution zu bekämpfen, und dass die Machtgier sich in der materiellen Welt nie legen wird. Wir müssen noch weiter gehen.

Und wenn das, was der Mensch auf diesem
Planeten herausfinden soll, darin bestünde,
in die Tiefen seiner Seele vorzudringen,
in die seines inneren Wesens,
dessen Fähigkeiten unendlich sind?

Sie haben auch erkannt, dass alles Existierende den Gedanken entspringt – jenen, die andere vor Ihnen gedacht haben und die heute Form annehmen. Jede Erfindung ist zuerst im Geist eines Menschen aufgekeimt, bevor sie in Ihre Hände gelangt ist. Und Ihre eigenen Ideen sind ebenso stark. Sie sind zunächst in Ihrem Geist, bevor sie vor den Augen aller erscheinen. Genau hierin liegt all unser kreatives Vermögen. Sie haben diese Welt erschaffen. Sie haben all diese Widersprüche ins Leben gerufen. Aus diesem Grund sollten Sie aufhören, das, was Sie umgibt, zu beurteilen. Sie haben kreiert, was für Ihre Entwicklung am besten ist – der

Beweis: Wenn Sie ein Problem haben, dann betrifft es Sie selbst und niemanden sonst.

Es mag schwerfallen, diese Vorstellung zu akzeptieren. Dennoch kann ich Ihnen versprechen, dass sie durchaus real und zudem sehr tröstlich ist. Sobald Sie verstehen, dass Sie im »stärksten« Sinne des Wortes der Akteur Ihres Lebens sind, dass also Ihre Handlungen echte Auswirkungen auf diese Welt haben, sind Sie kein Opfer mehr. Sie treten aus Ihrer Rolle des hilflosen, den Ereignissen ausgelieferten Wesens heraus. Sie gelangen in eine Dimension, wo alles wirklich, alles möglich ist.

Die Ausdehnung dieses Möglichen ist so weit wie das Universum, und das Universum ist groß!

Wie außen, so innen

Ich setze meine Reise über den Kontinent der asiatischen Kulturen mit Feng-Shui fort. Zur Erinnerung: Die Praktizierenden dieser traditionellen chinesischen Lehre nutzen die Qi-Energie, um das Leben in materieller und geistig-spiritueller Hinsicht zu verbessern. Das Qi zirkuliert im gesamten Universum und verbindet alle Menschen miteinander. Erinnert Sie das an etwas?

Diese universelle Energie, die Körper und Denken durchdringt, wird auf ihrer Reise von verschiedenen Formen beeinflusst, die die Natur ihr in den Weg gestellt hat. Sie wandelt sich je nach Beschaffenheit und Funktion der Orte und je nach Himmelsrichtung. Zur Bestimmung des bei Ihnen vorherrschenden Qi genügen eine fachkundige Berechnung und der Einsatz der fünf Elemente, um dort Harmonie herzustellen.

Der Grundsatz *»wie außen, so innen«* ist eher eine westliche Interpretation dieser Kunst. Für Puristen des traditionellen Feng-Shui ist es so, dass die Umgebung den Menschen beeinflusst und nicht umgekehrt. Die in der Umwelt zirkulierende Energie und die natürlichen Gegebenheiten (Berge, Flüsse) liefern das energetische »Relief« des Ortes. Um ihm die besten Einflüsse zu entnehmen, arrangiert der Mensch die Elemente Wasser, Metall, Feuer, Erde und Holz, damit der Einfluss von Yin oder Yang jeweils verstärkt oder verringert wird. Auf diese Weise ermöglicht das Qi den Bewohnern, ihre eigene Energie zu bewahren. Die Wirkung der fünf Elemente dient dazu, die Schwächen Ihres Wohnorts auszugleichen und zu optimieren.

Im Lauf meiner Tätigkeit als Feng-Shui-Beraterin habe ich Folgendes festgestellt: Sie und ich beeinflussen die Umgebung. Eine regelrechte Interaktion spielt sich zwischen den Bewohnern und dem Ort ab. Ausgehend von meinen Beobachtungen war es mir möglich zu verstehen, inwieweit jeder von uns zu 100 Prozent Schöpfer ist. Und hier haben wir eine großartige Übereinstimmung mit dem Ho'oponopono-Konzept. Nicht zu vergessen, dass im Feng-Shui wie auch im Leben das, was hergestellt wird, auch wieder aufgelöst bzw. rückgängig gemacht werden kann.

Kreative Innenraumgestalter

Umgebungskreativität kommt ins Spiel, sobald Sie einen Ort personalisieren.

Dekoration ist eine Möglichkeit, eine Atmosphäre zu schaffen, sie zu erfinden. Zu diesem Zweck bringen Sie alles an, was Sie besonders lieben – ich nenne das die »Deko-Liebe-Ration«. Das gilt ebenso für Ihr Heim wie für Ihren Arbeitsplatz. Nippsachen, Möbel, die Farbe der Wände und der Vorhänge, die jeweilige Funktion der Räume und wie Sie sie gestalten: Das ist Kreation.

Im Garten ist es ebenso: Die Blumen und Bäume, die Sie pflanzen, Gemüse und Obst, das Sie anbauen, und die Stellen, die Sie ihnen zuweisen – durch all das kreieren Sie die Szenerie Ihrer Umgebung.

Sie sind der Maler Ihres Lebens, das Haus ist die Leinwand, die Gegenstände sind Tuben mit Farben, die Sie mischen, und Ihre Hände bringen jeden Farbtupfer genauso an wie ein Pinsel.

Und da Sie beim Einrichten dieses Orts auf Ihre Kultur, Ihre Traditionen, Ihre Wünsche und Träume zurückgreifen, zeigen Sie der Außenwelt das, was Sie in sich tragen. Mithin kommt alles, was Sie umgibt, aus Ihrem »Inneren«.

Auch wenn Sie sich entscheiden, eine bestimmte Wohnung anstelle einer anderen zu nehmen, für das Geschäft einen Laden oder ein Büro anzumieten oder auch in ein Ferienhaus zu investieren, dann sind all diese Entscheidungen Teil dieser subtilen Kreativitätsgleichung. Für manche ist es »Liebe auf den ersten Blick«, oder das gute Preis-Leistungs-Verhältnis überzeugt sie. Es sind immer sehr subjektive Kriterien, und Sie allein weisen ihnen ihren Wert zu. Noch einmal: Sie sind Akteur und Schöpfer dieser Entscheidung.

Wenn Sie in Betracht ziehen, an einem bestimmten Ort zu wohnen, dann treffen Sie Ihre Wahl anhand Ihrer eigenen momentanen Kriterien. Es ist unter Umständen auch bezeichnend, ob Sie am Kirchweg oder in der Straße der Freiheit wohnen. Die Adresse ist bei Weitem nicht unerheblich, sondern kann sehr aufschlussreich sein in Bezug auf das, was das Unterbewusstsein Ihnen vermitteln will. Auch hier kreieren Sie die Zeichen, die erforderlich sind, um die Transformation, deretwegen Sie dorthin gekommen sind, zu verstehen.
Die Vorstellung, Sie hätten nicht die geringste Macht über Ihre Umgebung, ist bei Ihnen so ausgeprägt, dass Sie vergessen, wie sehr Sie sie in Wirklichkeit beeinflussen. Ich spreche natürlich von Ihrem Haus, doch dasselbe gilt für die Stadt, die Sie zu Ihrem Wohnort gewählt haben, Ihre Region, Ihr Land und sogar für Ihren Planeten. Sie verfügen über große Macht, die Ihnen noch nicht einmal bewusst ist.

Ich möchte auch hervorheben, dass Sie ausgezeichnete Schöpfer sind, die vollkommene Kreationen hervorbringen. Das Haus, die Region oder das Land, die Sie zu Ihrem Wohnort auserkoren haben, sind für Sie vollkommen geeignet. Es ist allerdings schwierig, zu glauben, Ihr Haus sei perfekt für Sie, wenn seit Ihrem Einzug eine Katastrophe nach der anderen über Sie hereingebrochen ist. Und wie kann man diese Theorie gelten lassen, wenn die Wohnungsnachbarn Studenten sind, deren Nachtleben durch die Wände dringt? Was soll man sagen, wenn die ekelerregenden Ausdünstungen der Wiederaufbereitungsanlage das Büro erfüllen, und das nur wenige Tage nach Kaufabschluss? All das ruft in Ihnen größte Skepsis in Bezug auf Ihre Fähigkeit zu kreieren hervor, und es könnten sich insofern Schuldgefühle abzeichnen.

Der schwierigste Teil besteht darin, diese Phänomene als Hilfsmittel zur Entwicklung zu betrachten und nicht als unüberwindbare, ungerechte Hindernisse. Ho'oponopono ist dazu da, uns zu helfen, diese Ereignisse wieder auf den Platz zu verweisen, an den sie gehören, und sie auf Distanz zu bringen zu unserer Neigung, uns als Opfer zu gebärden. So können wir unsere Akteur- und Schöpferrolle wieder einnehmen.

Diese Zeichen, die Ihren Alltag in Aufruhr bringen, sind elektrische Entladungen, die eine Reaktion Ihrerseits hervorrufen sollen, damit Sie zum eigentlichen Wesen Ihres Lebens zurückkehren.

Haushaltsunfälle können Anzeichen dafür sein, dass Sie sich von der materiellen Seite lösen und auf Ihre innere Verwirklichung konzentrieren sollen. Und vielleicht wollen lärmende Nachbarn Sie aus Ihrer Lethargie wecken, die sich durch die Gewohnheit in Ihrem Leben breitgemacht hat und die Sie auf Kosten Ihres Glücks aufrechterhalten? Und unangenehme Gerüche – weisen die nicht offen darauf hin, dass Ihnen Ihr Leben »stinkt« und Sie sich darin nicht wohlfühlen, oder ganz einfach darauf, dass Sie diesen neuen Kunden, der gerade gekommen ist, nicht »riechen« können? Alles hat einen Sinn.

Die Ho'oponopono-Praxis bringt es nicht nur mit sich, dass Sie die Geschehnisse annehmen, sondern Sie akzeptieren auch Ihr großartiges schöpferisches Vermögen, durch das Sie eine Umgebung, die Ihrer Entwicklung förderlich ist, entwerfen konnten. So ist es leichter für Sie, sich selbst dafür zu danken, dass Sie aktiv geworden sind, um sich für neue Perspektiven zu öffnen. Das Reinigen der Schuld- und Zorngefühle, die Sie an diesem Ort hatten, gibt Ihnen Gelegenheit, einen neuen Blick auf Ihr Leben zu gewinnen und besseren Lösungen Raum zu geben.

Solch eine Lösung könnte beispielsweise darin bestehen, einen bestimmten Wohnbereich anders einzurichten, vielleicht in eine andere Stadt umzuziehen – auf jeden Fall wird es dazu dienen, dass Sie sich dort weiterentwickeln können.

Anziehung und Ho'oponopono

Vom Feng-Shui zur Macht der Anziehung ist es nur ein einziger mystischer Schritt. Die Funktionsweise der Resonanz ist eine Art Universalgesetz, an dem kein Weg vorbeiführt. Um Ihnen das Prinzip des Anziehungsgesetzes kurz vor Augen zu führen, genügt es festzustellen, dass Aggressivität Gewalt anzieht und liebevolles Verhalten Mitgefühl. Diese Erfahrung – ernten, was man gesät hat – haben wir alle schon einmal gemacht.

Wenn Sie verstehen, dass die Umgebung eine Emanation Ihrer selbst ist und dass die Energie, die im gesamten Universum zirkuliert, ebenso negative wie positive Aspekte annehmen kann, je nachdem, was ihr begegnet, dann können

Sie sich leicht vorstellen, wie sehr wir uns gegenseitig beeinflussen.

Welche Energie in Ihrem Haus vorherrscht, hängt von seiner Lage und der äußeren Umgebung ab, sei sie natürlich (Berge, Flüsse) oder künstlich (Gebäude, Straßen). Empfängt ein Haus schädliche Energien, ist es erforderlich, diesem Energiefluss entgegenzuwirken, indem Sie mit der Inneneinrichtung Ihres Heims spielen. Eines der Gegenmittel besteht darin, sein Zuhause so gemütlich wie möglich zu gestalten, ein schützendes Nest für die ganze Familie einzurichten. So wandeln Sie die negative Energie für alle Hausbewohner in eine wohltuende Welle um. Der andere – und nicht unwichtige – Aspekt ist dieser: Sobald die Energie in eine positive umgewandelt worden ist, vollzieht sich eine Transformation, durch die der Ort seine Schwingungsebene ändert. Wenn das geschieht, werden die schädlichen Energien, die das Haus umgeben, in andere Gefilde gezogen und lassen den guten Schwingungen freie Bahn.

Ganz konkret: Wenn die Bewohner eines Hauses beschließen, ihre Einrichtung anhand von Feng-Shui-Prinzipien zu überprüfen, weil sie wollen, dass ihre Vorhaben sich realisieren lassen, und wenn sie dann den betreffenden Bereich optimieren, damit sich ihre Träume erfüllen, dann werden die Ziele schnell erreicht.

Durch Beobachtung dieses Phänomens habe ich verstanden, dass sich etwas an der Denkweise der Bewohner veränderte. Die Hauptursache für die Metamorphose war die gute Energiezirkulation im Haus. Diese könnte dem »Zirkulieren« der Bewohner entsprechen, die sich nun leichter im Haus bewegen können, denn kein Hindernis versperrt beispielsweise den Zutritt zu Ihrem Schreibtisch. Das Haus wird »fließend«. Es gibt keine Unordnung, die eine Stagnation der Energie und eine Verminderung ihrer Qualität ermöglicht; Schränke und der Keller sind mit dem Notwendigen angefüllt, unnütze Gegenstände sind auf Trödelmärkten und im Müll verschwunden und lassen Platz für zukünftige materielle Zugewinne. Dekorative Bilder und Nippsachen rufen bei allen Bewohnern dieses Ortes positive, erhebende Assoziationen hervor. So merken die Betreffenden zum Beispiel, dass sie optimistischer und vertrauensvoller werden und dass günstige Gelegenheiten sich präsentieren. Sie ziehen Glück auf sich, und der Erfolg ihres Unternehmens ist gewiss – das Phänomen der Anziehung hat sich etabliert!

Bisweilen sind die Veränderungen auch so subtil, dass die Hausbewohner sie nicht wahrnehmen. Ungeduld kommt in ihnen auf, und sie zweifeln daran, dass ihr Projekt wirklich sinnvoll ist. Sie hängen trüben Gedanken nach, und ihre Aufmerksamkeit wird umgelenkt, hin zu Beschäftigungen, die ihrer Einschätzung nach eher ihrem momentanen emotionalen Zustand entsprechen. Manche stürzen sich auf PC-Spiele zum Zeitvertreib, andere renovieren ihre Garage von Grund auf, damit sie sich nützlich fühlen, wieder andere beschließen, das Haus täglich von oben bis unten zu putzen, um Schuldgefühlen aus dem Weg zu gehen. Infolgedessen lassen sie hier und da Papiere einfach liegen, die zwar für ihr Projekt wichtig sind, aber erst später erledigt werden, nämlich an dem Tag, wenn die Angelegenheit wirklich drängt.

Zweifel machen anschließend der Herabsetzung Platz, projektbezogene Dinge finden sich unter einem Stapel Bügelwäsche und Büchern wieder, die sortiert werden müssen. *»Darüber brauchen wir gar nicht erst zu reden, das war eine Schnapsidee. Ich bin eine Niete, weil ich daran geglaubt habe.«* Das Gesetz der Anziehung wirkt immer, doch da ihm die Vorstellung von »gut« und »schlecht« völlig fremd ist, zieht es das in Ihr Haus, was Sie aussenden, und in diesem Fall nicht das Beste, so viel ist Ihnen sicherlich klar.

Für die Energie oder das Qi gilt dasselbe. Stagnierende Orte empfangen stagnierende Energie. Wände, die Zeugen von Dramen wurden, ziehen sogenannte perverse Energien an. Dieser Teufelskreis, der sich festgesetzt hat, muss durchbrochen werden, und zwar dadurch, dass man das Energieniveau des Ortes ändert, was ein günstiges Qi anzieht. Ebenso verhält es sich, wenn Sie mit negativen emotionalen Gewohnheiten brechen. Sobald Sie die herabwürdigende Opferrolle aufgeben, gelangen Sie in eine Dynamik, in der alles möglich wird. Schaffen Sie Platz für Fülle und Wohlstand in Ihrem Haus und in Ihrem Leben.

Wie im Prinzip des Anziehungsgesetzes erklärt, ist der emotionale Aspekt sehr wichtig. Negative Gefühle, die Sie überkommen, ziehen weitere negative Gefühle an und rufen immer unangenehmere Situationen hervor. Und wenn Ihnen noch so sehr bewusst ist, dass Ihre Gefühle Sie nicht leiten sollten, Sie gehen ihnen doch immer wieder auf den Leim. Glücklicherweise haben Sie Ho'oponopono, das Ihnen aus der Klemme helfen kann und Ihnen die Zügel des Lebens wieder in die Hand gibt.

Wenn Gefühle in Ihrem Alltag alles andere in den Hintergrund drängen und Sie sich in ihrem Netz verfangen haben, dann ist eine gründliche Reinigung unbedingt geboten – angefangen beim Haus bis hin zur geistigen Reinigung.

Wenn Sie meinen, die Welt sei ungerecht, Ihr Mann oder Ihre Frau seien im Unrecht und Ihr Chef sei völlig unberechenbar, dann haben nicht mehr Sie selbst die Leitung über Ihr Leben inne, sondern Ihre Ängste, Befürchtungen und Zweifel. Falsche Überzeugungen, die diese wieder an die Oberfläche bringen, können gelöscht werden, und mit Ho'oponopono ist jede schwierige Situation Anlass für eine Reinigung: *»Tut mir leid, bitte verzeih mir, dass ich diesen Zweifel kreiert habe, ich wusste nicht, dass ich das in mir trage … Danke, danke, dass du es zutage gefördert hast, damit ich die Reinigung durchführen kann …, ich liebe dich, der du Zweifel in mir geweckt hast, … ich liebe mich selbst dafür, dass ich auf diese Überzeugung hingewiesen habe, um sie endgültig zu reinigen.«*

Die Formulierung *»Danke, ich liebe dich«* genügt vollauf, um die Situation ganz aufzulösen. Und falls in Bezug auf das Reinigen Unsicherheit besteht, braucht man die Worte nur so lange zu wiederholen, bis das negative Gefühl dem gesunden Menschenverstand weicht – dessen Blick über jede Angst hinwegreicht und der mit dem Blick der Liebe sieht.

All die Gefühle, die mehr Schwierigkeiten als Lösungen erzeugen, können mit einem einzigen Satz hinweggefegt werden. Sie finden erneut zur allerbesten Energie zurück und ziehen bei dieser Gelegenheit gleich die optimale Lösung an. An diesem Instrument kommt niemand vorbei, der dafür sorgen will, dass das universelle Gesetz der Anziehung wirksam wird. Ich kann nur empfehlen, es zu nutzen, denn es macht jedem von uns das enorme Potenzial, das dieser Welt innewohnt, verfügbar. Es ist ein ergänzendes Mittel, das zur Verwirklichung Ihrer Vorhaben und Träume unerlässlich ist, ein Schlüssel, der Ihnen das Universum aller Möglichkeiten aufschließt. Und wie bereits weiter oben gesagt: Das Universum ist wirklich groß. Stellen Sie sich einmal vor, wie unermesslich da die Möglichkeiten sind!

Anziehung – eine Anleitung

Um das Gesetz der Anziehung optimal zu nutzen, muss man zunächst verstehen, dass es nicht zwischen »gut« und »schlecht« unterscheidet. Es wirkt die ganze Zeit, unabhängig von der Person, dem Ort oder der Denkweise. Das beste Mittel, positive Ereignisse durch dieses Quantenphänomen anzuziehen, besteht darin, permanent positive Gedanken auszusenden. Für die meisten Menschen auf diesem Planeten ist dies allerdings aus dem Stegreif nicht vorstellbar.

Das Hilfsmittel Ho'oponopono kommt wie gerufen für diese Wiederentdeckung unseres schöpferischen Potenzials. Es ermöglicht das Reinigen negativer Gedanken, die nichts anderes sind als falsche Erinnerungen. Es wirkt wie eine Dusche der Liebe, in der man nur *»Es tut mir leid, danke, ich liebe dich«* zu sagen braucht, um den Hahn anzudrehen. Erst einmal gereinigt, sind diese Erinnerungen für immer aufgelöst. Der Platz ist frei, um sich dem Positiven zu öffnen. Das Phänomen der Anziehung etabliert sich schnell, weil sich über positive Vorstellungen hinweg Verbindungen bilden. Je mehr man reinigt, umso klarer ist die Visualisierung. Bilder von Gelingen und Erfolg sind Ihnen leichter zugänglich, wenn Sie Ho'oponopono praktizieren. *Reinigen Sie bei jedem Zweifel. Reinigen Sie bei jeder Angst. Reinigen Sie bei jedem Anzeichen von Ungeduld. Reinigen Sie bei jedem negativen Gefühl.* Und im Vertrauen auf dieses Phänomen der Anziehung sollten Sie keine wie auch immer geartete Erwartung in Bezug darauf haben, wie es in Erscheinung treten wird.

Manche sagen, man müsse daran glauben, andere, man müsse Vertrauen in das Leben haben, und ich sage Ihnen an dieser Stelle, dass die Ho'oponopono-Praxis vor allem darin besteht, in Bezug auf das Ergebnis frei von Erwartungen zu sein. Denn das Letzte, worüber Sie sich den Kopf zerbrechen müssen, wenn Sie gerade von Problemen überwältigt werden, sind

Details dessen, was hinterher als Ergebnis herauskommt.
Sie wissen, was Sie brauchen: Wohlstand – und nicht, dass Sie sich mit finanziellen Problemen herumschlagen müssen; Heilung, nicht das Wunderheilmittel für eine ganz bestimmte Krankheit; eine verwandte Seele, mit der Sie Ihr Leben teilen wollen, aber kein Leben mit einem Modegeschöpf. Sie brauchen eine Ihren Fähigkeiten angemessene Arbeit, nicht »diese Stelle«, die Sie irgendwo in einer Anzeige gesehen haben.
Senden Sie eine positive Bitte aus, visualisieren Sie den Film Ihres Traums, der sich erfüllt hat, und reinigen Sie gleichzeitig Ihre Ängste im Lauf der Tage, die seit Ihrer Bitte verstrichen sind. Und vor allem: Lassen Sie das Leben das Nötige tun. Alles kommt zur rechten Zeit, so, wie es am besten für Sie ist.

Die Ho'oponopono-Resonanz wirkt in uns allen

Um meinen Überblick über das Gesetz der Anziehung zu vervollständigen, führe ich Sie noch weiter in die Welt des Subtilen, dorthin, wo viele von Ihnen die Antwort auf zahlreiche Ihrer Fragen ahnen.

Weil Sie und ich aus Fleisch und Blut bestehen, ist es leicht, den Teil in uns, der denkt und überlegt, zu verleugnen. Meine Ideen befinden sich nicht in einem bestimmten

Organ, vielmehr scheinen sie von irgendwo oben her zu kommen, von außen. Ich brauche keine Magnetresonanztomografie, um zu verstehen, dass mein Gehirn ein Empfänger ist. Es speichert die Daten, die sich anschließend in elektrochemischer Form in meinem Organismus verteilen.

Gestützt auf diese Feststellung, habe ich auch die Möglichkeit in Betracht gezogen, dass die Qualität der Informationen, wie beim Feng-Shui, besser oder schlechter sein kann, je nach dem Zustand der Personen, die sie ausgesandt haben. Ich spreche hier bewusst von einem emotionalen »Zustand« und nicht von der Person als solcher. Wir alle gleichen uns auf der Ebene unseres Körperaufbaus. Gesundheitliche Probleme und Erfahrungen unterscheiden uns auf der physischen Ebene, was den Einzelnen weder besser noch schlechter als andere macht.

Gefühle können Freude hervorrufen oder sogenannte falsche Überzeugungen zutage fördern und uns in Angstzustände versetzen. Hier werden Ihre Gedanken für andere unter Umständen zum Problem. Sie selbst verfügen über ein Radarsystem, mit dem Sie die »Ideen, die in der Luft liegen« erspüren und sich auf Ihr Gegenüber einstellen können. Die Körpersprache ist auch ein Kommunikationsmittel, doch auf einer subtileren Ebene nehmen wir die Energie wahr, die von einer Person ausgeht. Die Absonderung von Pheromonen liefert Wissenschaftlern offenbar eine zufriedenstellende Antwort bezüglich dieses Phänomens. Nur: Diese Absonderung von Botenstoffen wird ausgelöst, weil der Organismus den Befehl dazu gegeben hat. Ich frage mich daher, wer diesen Befehl erteilt hat. Je weiter man dem Prozess zu seinem Ursprung folgt, umso mehr liegt der

Schluss nahe, dass ein Gedanke da sein muss, der den gesamten Mechanismus in Gang gebracht hat.

Wir alle haben schon einmal die Erfahrung gemacht, dass uns im Gespräch mit einem Unbekannten etwas störte. Der sechste Sinn zeigte uns an, dass wir gegenüber einem bestimmten Menschen größte Vorsicht walten lassen sollten, oder umgekehrt, in nur einer Sekunde erblickte eine Freundschaft das Licht der Welt.

Die Energie, die von Ihren Gedanken ausgeht, wird von anderen wahrgenommen, und zwar wie ein verstärktes Phänomen: beispielsweise wenn Sie von einem sehr heftigen Gefühl wie Zorn überwältigt werden und infolgedessen nur aggressiven Menschen begegnen.

Nehmen wir als Beispiel das Verhalten beim Fahren. Das Auto ist der Ort, in dem Gefühle jeder Art besonders stark aufkommen. Ist Ihnen das nicht schon aufgefallen: Je mehr der Fahrer vor Ihnen Sie in Rage bringt, umso mehr hupen die Autos hinter Ihnen. Je mehr Angst Sie haben, zu überholen, umso mehr Autos kommen Ihnen auf der Gegenfahrbahn entgegen. Je mehr Sie über den Fahrer vor Ihnen schimpfen, der plötzlich anhält, umso mehr Beleidigungen ruft Ihnen der Motorradfahrer hinter Ihnen zu, der versucht, an Ihnen vorbeizufahren.

Umgekehrt, wenn Sie singen, in fröhlicher Stimmung sind und Ihr Lieblingslied im Radio läuft, dann wird die Fahrt immer leichter, die anderen Fahrer werden zunehmend netter, und viele Ampeln schalten auf Grün, wenn Sie sich nähern. Glück? Vielleicht. Sie können aber eher davon ausgehen, dass es »Resonanz« ist.

Ihr emotionaler Zustand ist Ihr Schwingungszustand. Ihre Schwingungen bringen die berühmten Spiegel hervor: die anderen. Und deren Reaktion ist nichts anderes als das Echo Ihres inneren Zustands.

Noch einmal: Es gibt nichts Besseres als eine gute Reinigung der negativen Gefühle, um sich auf das wahre Leben einzustimmen. Sie werden immer häufiger rücksichtsvolle, aufmerksame Menschen kennenlernen, die auf Ihrer Frequenz schwingen bzw. auf Ihrer Wellenlänge sind, wenn Sie sich selbst in den Ho'oponopono-Modus versetzen. So funktioniert das Gesetz der Anziehung. Sie ziehen das an, was Sie aussenden, also schwingen Sie mit allem, was das Beste in Ihnen ist.

Die Welt verändern – wie geht das?

Nach der Lektüre dieses Buches haben Sie womöglich eine Vorstellung davon gewonnen, wie diese Frage beantwortet werden könnte. Ich gebe Ihnen einen Tipp: Die Worte »die Welt ändern« und »dich selbst« kommen darin vor. Hier des Rätsels Lösung: *»Wenn du die Welt ändern willst, dann ändere dich selbst!«*

Wenn du die Welt ändern willst, dann ändere dich selbst!

Ich könnte Ihnen auch sagen, dass Sie sich selbst ändern, indem Sie Ihren Blick auf die Welt ändern, doch das allein genügt nicht. Ihre Lebensvision, Ihre Einstellung zur Gesellschaft, zu den Menschen, der Wirtschaft oder der Mode, diese Sicht ist Ihnen eigen, und sie ist einzigartig. Diese Dinge hängen von Ihrer Erziehung und von Ihrer Persönlichkeit ab. Spirituelle Praktiken ermöglichen es Ihnen, mitfühlend und tolerant zu werden – eine ausgezeichnete Methode, Ihren Blick auf andere zu ändern, doch es bleibt immer noch eine Kleinigkeit zurück, die stört. Es könnte sein, dass dieses kleine Sandkorn das Urteilen ist.

Ja, genau! Ich beurteile dich, du bewertest mich, Sie beurteilen sich ständig. Und nicht unbedingt bewusst. Vielmehr sind es flüchtige Gedanken, die so schnell wieder verschwinden, wie sie aufgekommen sind.

Urteilende Gedanken – ausgewählte Beispiele

»Im schwarzen Kleid ist sie mir lieber, das steht ihr besser.«
»Dieser Haarschnitt! Ist ja schrecklich, was der Friseur ihr da verpasst hat!«
»Warum fährt der denn nicht weiter?!«
»Schon wieder grüne Bohnen, die gab es doch schon gestern Abend!«
»Den Typen kann ich einfach nicht mehr sehen. Was hat der denn jetzt schon wieder im Fernsehen zu suchen?«
Solche kleinen Spitzen, die Ihr Denken hervorbringt, sind so »sanft«, als würden Sie mit einem groben Massagehandschuh über das Leder Ihres neuen Sofas streicheln. Es hinterlässt Spuren auf dem Sofa, die

denjenigen, der darauf Platz nehmen will, an diesen verletzenden Moment erinnern. Das Sofa steht für Ihre Beziehungen zu anderen, die Striemen des Handschuhs sind die Spuren der Urteile, die Sie über sie fällen. Unmöglich, so etwas zurückzunehmen, Entschuldigungen genügen nicht, es ist, als sei da noch etwas blockiert. Ihnen ist klar, dass Ihr Urteil die betreffende Person gekränkt hat, Sie bedauern dies zwar aufrichtig, aber es ist Ihnen eben einfach entschlüpft.

Wie können Sie aus diesem Teufelskreis aussteigen, in dem Ihre verletzendsten und taktlosesten Gedanken sich festgesetzt haben? Sie können natürlich die Menschen in Ihrer Umgebung bitten, sich auf den Modus Ihres Denkens einzustellen, und ihnen mitteilen, was Sie verlangen. Doch selbst mit dem allerbesten Willen erfordert es jahrelange Arbeit, all die subtilen Verbindungen zu verstehen, die sich in Ihnen, angesichts der 1000 Milliarden Ereignisse, die das Leben Ihnen präsentieren kann, bilden. Selbst der leistungsfähigste Computer ist nicht in der Lage, alle denkbaren Kombinationen der Reaktionen, die Sie im Lauf Ihres Lebens haben könnten, zu kompilieren. Doch nehmen wir einmal an, ein Computer sei imstande, eine solche Wunderleistung zu vollbringen. Dann müsste diese Erkenntnis anschließend von den etwa sieben Milliarden Menschen, die im Leben Ihren Weg kreuzen könnten, verarbeitet werden. Wenn wir noch einen Schritt weiter gehen, müsste man anschließend die sieben Milliarden Kombinationen für jeden Erdenbewohner speichern. Ich bin davon überzeugt, dass Sie und ich in uns über alle Informationen verfügen, die im Universum in Umlauf sind. Nur hat die menschliche Evolution heute noch nicht das Stadium erreicht, in dem es möglich wäre, dieses Reservoir voll und ganz auszuschöpfen. Also ist diese Art des Lernens derzeit noch nicht realisierbar.

Ich schlage Ihnen daher eine einfachere Methode vor. Sie ist zwar etwas zeitaufwendig, doch das Leben verringert den Aufwand in dem Maße, wie Ihr Geist offener wird. Diese Technik besteht darin, selbst die Veränderung zu sein, die Sie sich für diese Welt wünschen – Gandhis Worte, die Ihnen im vorliegenden Buch bereits begegnet sind.

Wenn Sie sich Liebe für diese Welt wünschen, seien Sie Liebe. Wenn Sie sich Frieden auf der Welt wünschen, seien Sie im Frieden. Wenn Sie sich Freude für die Welt wünschen, seien Sie voller Freude. Dieses Prinzip mag Ihnen banal erscheinen, und das ist es auch! Aber es ist wirksam.

Um auf das Urteilen zurückzukommen: Es gibt natürlich eine Lösung, um dieses sehr belastende Phänomen, das uns daran hindert, in Liebe, Frieden und Freude zu leben, hinter uns zu lassen – das *Annehmen*, die *Akzeptanz*.

Inakzeptables annehmen ist der Schlüssel, der Ihnen dazu verhilft, jegliches Urteilen endgültig aus Ihrem Leben zu verbannen. Und auch dies ist nicht gleichbedeutend damit, sich einfach in die Ereignisse zu fügen. Denn Ergebung ist passives Nichthandeln, und da das Leben Bewegung ist, liegt es in Ihrem ureigensten Interesse, aktiv zu werden, um im Einklang mit dem Leben zu sein. Das Annehmen besteht darin, in einen Zustand des Friedens einzutreten und nicht voller Zorn oder Kummer zu sein. Es ist ein Weg, seine Energie zu bewahren, statt sie in den Qualen der Depression oder des Hasses zu verlieren. Durch Akzeptanz können Sie einen kühlen Kopf bewahren und bei anderen außergewöhnliche Ergebnisse erzielen.

Urteilen ist mein »Stein im Schuh« gewesen, der mich sehr lange gedrückt hat. Und das verflixte Ding kommt immer wieder, sobald ich in den »verwilderten« Gefilden meines Denkens unterwegs bin.

Vor einiger Zeit ist mir aufgefallen, dass Nichturteilen ein Garant für Frieden ist, wohingegen das Gegenteil mir bereits schlaflose Nächte bescherte.

Während einer Familiendiskussion darüber, ob eine Armee notwendig ist, um unsere Angehörige und unser Land vor feindlichen Nationen zu schützen, habe ich gesehen, bis zu welchem Grad das Denken die Vernunft überschreiten und die Oberhand gewinnen kann. Mein Gegenüber vertrat den Standpunkt, Geiselnahme rechtfertige einen tödlichen Angriff der Armee auf die Angreifer. Er hielte eine solche Aktion für notwendig, um Ruhe in unserem Land zu gewährleisten. »*Unsere Armee muss uns verteidigen, die Soldaten das Risiko eingehen, für uns getötet zu werden.*« Er hätte sich gewünscht, einer dieser Helden zu sein. Doch die Geiselnehmer erlebten ihrerseits ebenfalls einen Angriff auf ihr Land, und handelten so, weil sie ihre Familie und ihr Heimatland beschützen wollten. Es gelang mir nicht, die richtigen Worte zu finden, um die Diskussion zu dämpfen, weil ich meinerseits so stark von der Vorstellung eingenommen war, dass es vollkommen inakzeptabel sei, einem anderen das Leben zu nehmen.

Was diesen Austausch erschwerte, war die Tatsache, dass es um Werte ging. Im Grunde ging es um Urteilen: Was ist gut, was ist schlecht? Wer hat unrecht, wer hat recht? Ich habe immer noch keine Antwort darauf. Im tiefsten Inneren weiß ich, dass jedes Leben seine Daseinsberechtigung hat, dass es kostbar und einzigartig ist. Es verdient Respekt, ganz gleich, welche Form es annimmt. Ich hatte jedoch an jenem Abend vergessen, im Zustand der Liebe zu sein. Der Konflikt, der in mir brodelte, hielt mich nachts vom Schlafen ab, und frühmorgens hatte ich Folgendes verstanden: Dadurch, dass ich Meinungen – so gewaltsam sie auch sein mögen – akzeptiere, nehme ich auch den Teil meiner selbst an, der diese Begegnung, diesen Spiegel, kreiert hat. Irgendwo, tief in mir vergraben, existiert eine Angst vor anderen, die mich dazu bringen könnten, zu töten. Und ich versichere Ihnen, dass es mir gleichermaßen schwerfällt, dies zu schreiben, wie es anzunehmen.

In diesem Fall sind Akzeptanz und Nichturteilen die einzigen Credos, denen Sie sich beugen müssen. Andernfalls gewinnt das Ego die Oberhand und bewirkt, dass Sie sich auf ewig über den Überbringer der Botschaft aufregen. Sie verunglimpfen den anderen und zielen damit darauf ab, sich zu »schützen« und zu vermeiden, dass Sie den Schattenanteil in sich selbst sehen und annehmen. Das kleine Gefühl der Sicherheit, das Ihnen dadurch vermittelt wird, dass Sie den anderen zurückweisen, ist jedoch täuschend, denn ein Unbehagen bleibt bei der Erwähnung der betreffenden Person weiterhin bestehen. Eine falsche Überzeugung wurde gerade geboren: »*Mein Urteilsvermögen ist besser als seines.*«

Nie war mir die Formulierung »*Bitte verzeih mir, danke, ich liebe dich*« von größerem Nutzen als in dieser Nacht, als sie mir half, den Übergang zum Akzeptieren leichter zu bewältigen. Vertrauen ins Leben zu gewinnen bedeutet auch, Vertrauen in die Entscheidungen anderer zu haben, zu akzeptieren, dass diese weder besser noch schlechter sind als meine. Sie gehören zu ihnen, und genau so mag ich diese Menschen.

Der zweite Effekt besteht darin, sich selbst anzunehmen, zu akzeptieren, dass man selbst für die Ereignisse – sogar für die weniger »ruhmreichen« – verantwortlich ist. Das erreicht man durch Nichturteilen.

Der beste Moment war der, als ich mir Liebe schickte, eine bedingungslose Liebe, deren Ausstrahlung bis zu demjenigen vordrang, der mir erlaubt hatte, diesen Segen zu empfangen.

Danke sagen

Wenn die Nachbarin Ihnen Blumen aus ihrem Garten schenkt, Ihr Sohn Sie mit seinen gerade mal 18 Jahren zärtlich umarmt, wenn Händler Ihnen beim Einkaufen ein paar Cent erlassen, Ihr Auto bei minus zehn Grad Celsius auf Anhieb anspringt, Ihr Chef Ihnen am Nachmittag freigibt oder Schmerzen sich während Ihres Mittagsschlafs legen, dann ist das vielleicht ein Zeichen dafür, dass Sie in eine neue Bewegung eingetreten sind. Sie sind auf dem Weg zur

Gelassenheit. Anfangs mit kleinen Schritten, dann mit größeren, geschmeidigeren, ziehen Sie in den großen Marathon des Lebens ein. Kilometer für Kilometer entdecken Sie Ihre Fähigkeiten – solche, die Sie nicht mehr für möglich gehalten hätten, zeigen sich und offenbaren, welch erstaunliches Durchhalte- und Überholvermögen Sie haben. Es ist ein göttlicher Augenblick, in dem Sie entdecken, dass es keine Grenzen gibt.

Ich gebe zu, dass es mich immer verblüfft, wenn ich sehe, welche Fähigkeiten und Reserven in jedem von uns schlummern. Diese Fülle ist überall: im Körper, den wir zu kennen meinen und der uns immer wieder durch unerwartete Heilungen überrascht, ebenso wie im Briefkasten, wo die Abrechnung mit der Rückerstattung liegt, die uns diesen Monat ein überzogenes Bankkonto erspart. Es ist möglich, noch weiter zu gehen und mit all der Liebe, all der Dankbarkeit für die kleinen Dinge des Lebens zu schwingen. Je mehr Sie dafür danken, dass Sie so überhäuft werden und überhäuft haben, umso mehr werden Sie von der Fülle genährt. Je mehr Sie das Leben lieben, umso mehr wird es Ihnen diese Liebe zurückgeben. Manchmal habe ich das Gefühl, dass es beinahe zu viel ist. Es ist so schön, dass mich die Angst erfasst und ich angesichts dieser Geschenke am liebsten im Erdboden versinken würde.

Solches Glück mit offenem Herzen zu empfangen
ist für mich eine weitere Art und Weise, Ho'oponopono
zu nutzen. Ich habe gelernt, »danke« zu sagen:
Danke für alle Gelegenheiten, die sich mir eröffnen,
für das, was mein Leben heute ausmacht, und für alles,

was es jahrelang aufgebaut hat. Ich empfinde diese Dankbarkeit als Ausdruck meines tiefen Ich, dessen enormes Potenzial ich entdecke.

Ich denke erneut an all diese Jahre, in denen ich spirituellen Meistern aller Konfessionen zugehört habe, als sie von der Erfüllung sprachen, die darin liegt, dem Göttlichen zu danken. Zu jener Zeit war ich nicht in der Lage, die echte Notwendigkeit dieses Danks zu erfassen. Es war für mich nicht nachvollziehbar, »danke« für etwas zu sagen, was ich nicht sah, kaum spürte und das mir so viele Belastungsproben im Leben auferlegte.

Durch die spezielle Erfahrung, die ich mit der Ho'oponopono-Praxis machte, konnte ich mich gegenüber anderen Methoden der persönlichen Entwicklung öffnen, meine wahre Natur akzeptieren, meine Talente zutage fördern, wunderbare Persönlichkeiten entdecken, Projekte initiieren und viele davon verwirklichen.

Wenn ich mir all das klarmache, kann ich einfach nur Gott, dem Universum oder der Intention, die es mir ermöglicht hat, so viele Träume zu verwirklichen, aus vollem Herzen danken. Und das ist bei Weitem noch nicht das Ende. Ich habe den Eindruck, erst in den Kinderschuhen meiner Verwirklichung zu stecken, so viel Macht ist in dieser schöpferischen Energie enthalten.

Danke. Ich danke dieser Energie, dass sie da ist. *»Danke!«* Danke denjenigen, die mir begegnet sind und es mir ermöglicht haben, die Existenz dieser Energie wahrzunehmen. Dank an all die Spiegel – die anderen –, die eine Emanation meines unterbewussten Wesens sind. Dank an mein Ich, dass es diese falschen Erinnerungen aufdeckt, die ich mit Liebe lösche. Dank an Sie, liebe Leser, dass Sie existieren und es möglich machen, dass dieses Buch »lebt«.

Mit Momenten des Zweifelns umgehen

Einige von Ihnen praktizieren Ho'oponopono seit einigen Wochen oder Monaten, und trotzdem versetzt Ihnen das Leben weiterhin einen Schlag nach dem anderen. Diese Widrigkeiten ergeben sich ohne Vorwarnung. Eben noch geht man zuversichtlich auf dem Weg der Liebe, und plötzlich, mit einem Schlag, wird man auf einen Berg der Zweifel und Schuldgefühle geschleudert.

Sie haben gewissenhaft das verwahrloste Gelände Ihres Geistes gereinigt und in einen Garten verwandelt. Sie haben das Unkraut – die negativen Emotionen – gejätet, um aus diesem Ort einen herrlichen Park zu machen, in dem die Bäume der Gelassenheit wachsen, die Beete mit den Blumen der Güte sorgfältig gepflegt werden und der Rasen der Ruhe makellos ist. Wenn dann jemand Obstschalen in Ihrem Garten fallen lässt, sehen Sie nur noch den abstoßenden Müll, der Ihr Paradies verschmutzt. Dieser Anblick zieht Ihre gesamte Aufmerksamkeit auf sich.

Alle Angaben werden vertraulich behandelt.
* Der Newsletter kann jederzeit abbestellt werden.

Name/Vorname: ______________________

Straße: ______________________

PLZ, Ort: ______________________

Telefon: ______________________

E-Mail: ______________________

Geburtsdatum: ______________________

Bitte senden Sie mir:

- ☐ weitere Informationen aus dem Schirner Verlag
- ☐ den Schirner Newsletter (nur als E-Mail*)
- ☐ das SPIRIT live & Schirner Magazin

Diese Karte entnahm ich dem Buch:

____

Würden Sie dieses Buch weiterempfehlen?

____

Vielen Dank!

Das Porto übernehmen wir für Sie!

Antwort

Schirner Verlag GmbH & Co. KG
Elisabethenstr. 20 – 22
D-64283 Darmstadt

Nach dieser Gartenmetapher hier nun einige Hinweise, die Ihnen helfen sollen, dieses Phänomen besser zu verstehen, das Ihnen Schuldgefüwhle und andere unangenehme Emotionen schickt, obwohl Sie die falschen Erinnerungen gewissenhaft reinigen.

Vielleicht geschieht es deswegen, weil Sie seit ein paar Wochen in einer sehr viel leichteren Schwingung sind. Wenn Sie dann wieder in alte Gewohnheiten verfallen und zur früheren »Grundstimmung« zurückkehren, ist der Unterschied so intensiv, dass Sie nicht mehr in dieser »alten« Schwingung weiterleben können. Sie entspricht Ihnen nicht mehr. Sie entfernen sich immer mehr von diesem Denksystem, und wenn es sich dann doch wieder bemerkbar macht, ist dieser Einbruch so disharmonisch, dass es dadurch unerträglich wird.

Wenn alte »Widersacher« mit schmutzigen Stiefeln in der kristallklaren Szenerie aufmarschieren, die wir uns aufgebaut haben, dann können wir vielleicht nicht umhin, sie zu erkennen. Sie fallen unangenehm auf in unserem Leben, wirken deplatziert. Es ist unserem Ich nicht möglich, sie hinter Vorhängen des Grolls zu verbergen, um deren Reinigung wir uns seit Beginn unserer Ho'oponopono-Praxis bemüht haben. Sie sind sofort sichtbar, ohne Maske und unverstellt, und erschüttern uns, obwohl bei uns Ruhe herrschte.

Vielleicht haben Sie vergessen, wie chaotisch Ihr Leben vor der großen Reinigung war?

Stellen Sie sich vor, Sie hätten Ihr ganzes Leben in einer Stadt verbracht, die unaufhörlich Bombardements und Attentaten ausgesetzt war und in der nach einem »Großreinemachen« Frieden einkehrte. Sie haben gerade den Schlüssel gefunden, wie Sie Ihr Leben mithilfe von Ho'oponopono zunehmend harmonisch gestalten können; endlich leben Sie in der Stadt des Friedens. Es sind nur noch ein paar Renegaten übrig, die sich in unterirdischen Gängen versteckt haben. Während der vergangenen Bombardierungen waren sie nicht sichtbar, doch jetzt sind Sie ohne Deckung, wenn sie eine Granate in Ihre Straße werfen.

Überraschung und Angst, die sich daraufhin einstellen, sind gerechtfertigt, nur: Es liegt in Ihrem Interesse, die Reinigung fortzusetzen, damit die Liebe auch ins Untergeschoss Ihres Lebens gelangt. Sonst könnte das emotionale Chaos Sie erneut überkommen.

So können Sie die Ho'oponopono-Praxis verstehen. Die Reinigung vollzieht sich zuallererst an der Oberfläche, und je weiter die Reinigungsprozesse fortschreiten, umso stärker ist auch das Ruhegefühl wahrnehmbar. Der große »Knall«, der sich ereignet, obwohl Sie dem Leben von ganzem Herzen zulächelten, hat im Grunde dieselbe Intensität wie die früheren falschen Erinnerungen, die Sie gereinigt hatten. Doch in der friedlichen Landschaft, zu der Ihr Leben geworden ist, wirkt dieser Knall ebenso gewaltig wie die Explosion einer Atombombe. Bis jetzt hatten Sie ihn nicht bemerkt, denn er ging im Hagel der Geschosse unter, mit denen Ihre Stadt unter Beschuss genommen wurde.

Beim Anblick von Menschen um mich herum, die stets in solch einem emotionalen Chaos leben, stelle ich mir die

Aufgabe, das Bild, das sie mir widerspiegeln, zu reinigen – so lange, bis sich beim Anblick der Art, wie sie leben, innerer Friede einstellt. Ich gehe eine Art Gemeinschaft mit diesem Durcheinander ein, das auch ich jahrelang erfahren habe. Über diese Menschen söhne ich mich damit aus, und ich schicke ihnen alle Liebe, die sie verdienen, um mir dadurch zu erlauben, das zu lieben, was ich war und was sie heute noch sind. Nichturteilen, Akzeptanz und frei von Erwartungen sein, das sind die unerlässlichen Bedingungen, um diesen Frieden zu erlangen. Auch das ist Ho'oponopono: in Liebe all das wieder zu verbinden, was uns genährt und es uns ermöglicht hat, zu dem zu werden, was wir heute sind.

Ho'oponopono im Alltag

Was mir an der Ho'oponopono-Praxis gefällt, ist, dass sie in jeden Lebensstil integrierbar ist. Ob Sie gläubig, atheistisch oder auf Ihrer persönlichen Suche sind: Dieses Verfahren ist äußerst nützlich, wenn Sie sich entwickeln wollen.

Denn die Menschen wollen verstehen, woher sie kommen, wer sie sind und warum sie hier sind. In jedem von uns ist eine Frage, die eine Antwort will. Die Suche nach dem Sinn ist ein starker Motor, der dem Leben Flügel verleiht. Ihre Intensität variiert lediglich entsprechend dem persönlichen Willen. Die Entscheidung, wie viel Platz dieser Suche eingeräumt werden soll, liegt bei jedem Einzelnen, natürlich in dem Wissen, dass dieser Motor erfüllt ist mit positiver, unbegrenzter Energie.

Warum ist er so stark? Nun, ganz einfach deswegen, weil das tiefe Ich da ist, voller Freude bei der Vorstellung, Sie die Magie des Lebens entdecken zu lassen. Dieser Motor ist also angeschlossen an das grenzenlose Reservoir des Universums mit einem Überfluss an Treibstoff: Liebe.

Und was ist diese Liebe? Sie ist jener große Fluss, der das Universum durchquert und den manche als Macht Gottes spüren. Andere nennen es die Macht der Intention oder auch das Qi. Was ich Ihnen sagen kann, ist, dass sie überall ist und dass sie dasjenige ist, was uns mit dem Universum verbindet. Und die Tatsache, dass jeder von uns auf diesem Planeten mit dem Universum verbunden ist, bedeutet wiederum, dass eine Verbindung zwischen Ihnen und mir besteht. Diese Union ist nicht metaphorisch. Sie ist da, nicht greifbar, und doch so präsent. Sie wissen, dass die Satellitenwellen über die gesamte Erdoberfläche gesandt werden, damit wir miteinander in Verbindung treten können. Also denken Sie einmal darüber nach, dass Sie eine Funkantenne sind. Sie verfügen über diese unerschöpfliche Kraft, die Ihnen von allen Satelliten des Universums geschickt wird, und Sie können sie weitergeben.

Wie kann man Liebe weitergeben? Das ist im Grunde ganz einfach: indem Sie sich mit dem Chip verbinden, der als Verbindungsglied zum Universum dient. Der Chip ist Ihr tiefes Ich, Ihre innere Göttlichkeit, und der Zugangscode lautet: *»Tut mir leid, verzeih mir, danke, ich liebe dich.«* Anschließend lassen Sie das Universum, Gott, die Intention wirken. Das ist alles.

Das Unglaubliche an Ho'oponopono ist die Tatsache, dass es keine bestimmte Methode zur Weiterentwicklung ersetzt, sondern etwas viel Besseres tut: Es begleitet alle Techniken, die in diesem Sinne wirken.

Wenn Sie beispielsweise Methoden wie Meditation, Yoga oder Qigong nutzen, die darauf hinwirken, dass Sie innerlich zur Ruhe kommen und merken, wenn Ihre Gedanken abschweifen, dann ermöglicht Ho'oponopono, zu jener Konzentration zurückzukehren, die Ihnen inneren Frieden bringt. »*Tut mir leid, verzeih mir, danke, ich liebe dich*«: Das hilft Ihnen, sich zu sammeln, wenn Ihr Ich zu viele Ausreden findet, um sich nicht in Meditation zu versenken.

Ein weiterer interessanter Punkt ist der, dass Sie niemanden brauchen, um Ho'oponopono zu praktizieren. Kein Guru, Therapeut oder Priester kann es an Ihrer Stelle tun. Mit dieser Methode wird die Unabhängigkeit des Denkens hervorgehoben. Jedes Mal, wenn Sie mit einem Konflikt konfrontiert werden, entscheiden nur Sie, ob Sie das Ereignis reinigen wollen oder nicht. Niemand schaltet sich ein, niemand entscheidet an Ihrer Stelle. Sie sind der einzige Handelnde.

In der Tat ist das etwas, was mich bei dieser Praxis sofort angesprochen hat: Die Vorstellung, niemanden um etwas bitten zu müssen, um mich aus Schuldgefühlen, Eifersucht, Neid, Gier zu befreien, und mich nur auf mich selbst einstellen zu müssen – das fand ich verlockend.

Eine andere Vorstellung, die in mir den Wunsch weckte, »*Es tut mir leid, bitte verzeih mir, danke, ich liebe dich*« zu sagen, ist die meiner eigenen Mitverantwortung an den Geschehnissen – oder vielmehr meiner kreativen Mitwirkung an ihrer Ausgestaltung. Es gab nichts mehr, das ich irgendjemandem übel nehmen konnte, ich brauchte nur die Fakten als das anzusehen, was sie sind: persönliche Botschaften, um mich weiterzuentwickeln. Das ist ein ungeheurer Energiegewinn. Denken Sie nur an all den Aufwand, der mit Groll, Zorn und Traurigkeit verbunden ist. Jetzt dagegen gibt es keine unnötige Müdigkeit mehr, keine Ärgernisse, die Tage oder sogar Monate andauern – welch ein Zeitgewinn!

Im Lauf der Monate und Jahre meiner Ho'oponopono-Praxis machte ich immer neue Entdeckungen. Denn dieses Reinigen falscher Erinnerungen, diese Leere, die für die Inspiration geschaffen wird, all das schafft Raum für Synchronizität: Dinge, die im rechten Moment auf uns zukommen, weil unser Unterbewusstsein zugelassen hat, dass sie in unserem Umfeld existieren. Wir wissen, dass der Zufall keinen Platz mehr hat, wenn wir auf dieser Ebene der Einsicht angelangt sind. Alles wird zur Botschaft.

Angefangen beim Buch, das Sie gerade ausgesucht haben, über das Gespräch mit einem Unbekannten vor den Regalen eines Supermarkts bis hin zur E-Mail, die Ihnen eine zündende Idee für Ihren nächsten Artikel gibt – es ist eine Bewegung, die permanent aktiv ist. Sie ist da, direkt vor Ihnen, und gibt Ihnen durch Zeichen zu verstehen, dass für Sie Fülle und Überfluss tatsächlich in Reichweite sind.

Getragen wird diese Fülle vom Fluss des Universums oder von der Macht Gottes oder jener göttlichen Energie, deren wahren Namen Sie erraten, nicht wahr? Genau: Die Fülle reist auf den Schwingen der Liebe!

Ho'oponopono und du

Nathalie Bodin

Liebe Leserin, lieber Leser, sicherlich ist Ihnen klar geworden, dass Ho'oponopono eine Lebenskunst ist, die man ausprobieren muss, um ihren wahren Gehalt zu erfassen. Ich möchte Sie auch einladen, mit der Praxis dann zu beginnen, wenn der Moment Ihnen am günstigsten erscheint.

Die Formel »*Tut mir leid, bitte verzeih mir, danke, ich liebe dich*« ist eine Grundlage, die Sie je nachdem, wie Ihnen der Sinn steht, ausschmücken können. Es gibt keine verbindlichen Regeln. Manchen genügt »*Danke, ich liebe dich*« vollauf, andere, wie ich, improvisieren, um die Reinigung wirksamer zu machen. Das Wichtigste ist, dass Sie sich mit Ihrer inneren Kraft verbinden. Es ist eine schöpferische Kraft, die permanent in Ihnen ist. Sie brauchen sie nur zu rufen, um mit ihr in Kontakt zu treten.

Uns so mit der Liebe zu verbinden ist eine Rückkehr zu unserer wahren Natur. Damit es gelingt, gibt es drei Etappen, die Sie dabei unterstützen können, diese Meisterleistung zu vollbringen. Die erste ist, dass Sie Ihre persönliche Mission durch das Reinigen der falschen Erinnerungen erfüllen, wie Jean Graciet es erklärt hat. Die zweite besteht darin, Ihren Schattenanteil, also die Dualität, die alle Menschen kennzeichnet, anzunehmen – Luc Bodin hat es in diesem Buch ausgeführt. Und die dritte ist, dem so vollkommenen Universum dankbar zu sein. Letzteres ist für mich, Nathalie Bodin, eine wunderbare Entdeckung, die mir durch Ho'oponopono zuteilwurde.

Jetzt, da Sie einige Schlüssel in der Hand halten, wie Sie im Frieden mit sich selbst sein und all Ihr Potenzial entfalten können, lasse ich Sie Ihre eigenen Antworten auf die Fragen finden, die Sie sich nach der Lektüre dieses Buches stellen könnten.

Sie sind nun auf der letzten Seite angelangt. Sehen Sie dies aber nicht als Schluss, sondern betrachten Sie dieses Buch vielmehr als ein Vorwort zu Ihrem Leben, eine Art Einleitung, deren Folgekapitel Sie selbst verfassen werden.

Bleibt mir zu hoffen, dass das Buch, das Sie in den Händen halten, die Abenteuerlust in Ihnen geweckt hat und Sie bei Ihrer Erforschung des Lebens leiten wird.

Ich wünsche Ihnen allen eine wunderbare Entdeckungsreise!

»Danke, ich liebe dich.«

Bibliografie

Paul Brecher: *Geheime Künste. Energieströme des Körpers*. Taschen: Köln [3]2004.

Rhonda Byrne: *The Secret. Das Geheimnis*. Arcana: Göttingen [20]2007.

Olivier Clerc: *Die Gabe des Verzeihens. Eine magische Begegnung mit Don Miguel Ruiz*. Ennsthaler: Münster 2012.

Doriane Dab: *Du Big Bang à la Guérison*. Quintessence: Aubagne 2003.

Régis Dericquebourg: *Religions de guérison*. Éditions du Cerf: Paris 1988.

Larry Dossey: *Heilende Worte – Die Kraft der Gebete als Schlüssel zur Heilung*. Crotona: Amerang 2013.

Wayne W. Dyer: *Mit Absicht. Den eigenen Lebensplan erkennen und verwirklichen*. Goldmann: München 2005.

Karen Farrington: *Religionen der Welt*. Gondrom: Bindlach 2005.

Dies.: *Weltreligionen*. Tosa: Wien 2000.

Paul Ferrini: *Die Gesetze der Liebe*. Aurum/Kamphausen: Bielefeld 2006.

Ders.: *Die Wunder der Liebe*. Aurum/Kamphausen: Bielefeld 2001.

Debbie Ford: *Das Geheimnis des Schattens. Verdrängtes erkennen, ganz werden, Lebensfreude gewinnen*. Goldmann: München 2003.

Dies.: *Schattenarbeit. Wachstum durch die Integration unserer dunklen Seite*. Goldmann: München 2011.

Grace Gassette & Georges Barbarin: *La Clé. Enseignement recueilli.* Astra: Paris 1950.

Jean-François Genevès: *Le référentiel de l'homme nouveau.* Autoédition: 2000.

Stephen Hawking: *Das Universum in der Nussschale.* Hoffmann und Campe: Hamburg 2002.

Gerald Jampolsky: *Lieben heißt die Angst verlieren.* Goldmann: München 2005.

Ders.: *Verzeihen ist die größte Heilung.* Heyne: München 2005.

Carl Gustav Jung: *Schriften zu Spiritualität und Transzendenz.* Patmos: Ostfildern 2013.

Ders.: *Traum und Traumdeutung.* dtv: München 2013.

Ders.: *Gesammelte Werke.* Patmos: Ostfildern 2011.

Jean-Noël Kerviel: *L'être humain et les énergies vibratoires.* Arka: Paris 1997.

Pamela Kribbe: *Die Jeshua Channelings. Christusbewusstsein in einer neuen Zeit.* EFT Edition: Nordhofen 2013.

Georges Lakhovsky: *Das Geheimnis des Lebens.* VGM: Bad Kötzting 2010.

Laotse: *Tao Te King. Das Buch vom Sinn und Leben.* Übers. v. Richard Wilhelm. Anaconda: Köln 2010.

René de Lassus: *La communication efficace par la PNL.* Marabout: Paris 2007.

Maguy Lebrun: *Ärzte des Himmels, Ärzte der Erde.* Kleine Schritte: Trier 2001.

Guy Londechamp: *L'homme vibratoire. Vers une médecine globale.* Amrita: Rhône-Alpes 1998.

Marlo Morgan: *Mutant Message Down Under.* Harper Collins: New York, NY 2004.

Ders.: *Mutant Message From Forever.* Harper Collins: New York, NY 2004.

Melvin Morse: *La divine connexion.* Le Jardin des Livres. Paris: 2002.

Joseph Murphy: *Glück ist kein Zufall.* Ariston: München 2009.

Sven Ortoli & Jean-Pierre Pharabod: *Le cantique des quantiques.* La Découverte/Poche: Paris 2007.

Louis Pauwels & Jacques Bergier: *Der Planet der unmöglichen Möglichkeiten.* Heyne: München 1975.

Rosette Poletti & Barbara Dobbs: *Das kleine Übungsheft. Selbstbewusstsein.* Trinity: München 2012.

Colette Portelance: *La guérison intérieure par l'acceptation et le lâcher-prise.* Éditions Jouvence: Bernex 2009.

James Redfield: *Die Prophezeihungen von Celestine.* Ullstein: Berlin 2004.

Ders.: *Die zehnte Prophezeihung von Celestine.* Ullstein: Berlin 2004.

Cyril W. Smith & Simon Best: *L'homme électromagnétique.* Éditions Marco Pietteur: Embourg 2003.

Colin C. Tipping: *Ich vergebe. Der radikale Abschied vom Opferdasein.* Kamphausen: Bielefeld 2004.

Ders.: *Radikale Selbstvergebung.* Integral: München 2009.

Joe Vitale & Ihaleakala Hew Len: *Zero Limits. Mit der hawaiianischen Ho'oponopono-Methode zu Gesundheit, Wohlstand, Frieden und mehr.* Wiley-VCH: Weinheim 2012.

Jean Graciet ist NLP-Trainer, Hypnotherapeut nach der Methode von Milton H. Erickson und spezialisiert auf das Erforschen der Bedeutung von Symptomen und Krankheiten. Er leitet Konferenzen und Seminare zu den Themen Beziehung, individuelle Entwicklung und Bewusstseinsentwicklung. Seit 2010 widmet er sich gemeinsam mit seiner Frau, Maria-Elisa Graciet-Hurtado, der Verbreitung des »Ho'oponopono-Wegs zum Bewusstsein«, unter anderem durch Konferenzen, Seminare, Audio-CDs und ein spezielles Kartenspiel.
Näheres finden Sie auf seinen Websites:
www.eveiletsante.fr und www.mercijetaime.fr.

Luc Bodin ist Arzt und hat sich auf Alternativmedizin und klinische Onkologie spezialisiert. Er ist wissenschaftlicher Berater mehrerer Gesundheitsmagazine und Autor zahlreicher Bücher zu Themen wie Krebs, Alzheimer, Fibromyalgie und chronische Müdigkeit.

Luc Bodin organisiert zudem Seminare über *Energetisches Heilen* in Paris und Südfrankreich, die allen Interessierten offenstehen.
Näheres erfahren Sie auf seinen Websites:
www.stageslucbodin.com und www.conseilslucbodin.com.

Seine neuesten Bücher:

- *Ho'oponopono. Le secret des guérisseurs hawaïens. Vorw. Maria-Elisa Hurtado-Graciet.* Éditions Jouvence: Bernex 2011.
- *L'EFT. Emotional Freedom Technique. Mode d'emploi.*

Vorw. Maria-Elisa Hurtado-Graciet. Éditions Jouvence: Bernex 2011.

- *Le guide de la médecine globale et intégrative. Toutes les médecines qui vont changer votre vie. Vorw. Jean-Pierre Willem.* Albin Michel: Paris 2009.

NATHALIE BODIN ist Spezialistin für Feng-Shui und ausgebildet in energetischen und energetisch-psychologischen Therapiemethoden. Sie ist Redakteurin der Onlinezeitschrift *Journal A4*. Ihr bevorzugtes Themengebiet ist die Intuition als Mittel zur persönlichen Entwicklung.
Näheres finden Sie auf ihrer Website:
www.vivreavechooponopono.com.

Willkommen in der Bibliothek der guten Gefühle

Wie kann es gelingen, selbstbewusster durchs Leben zu gehen, verborgene Talente zu entdecken oder das Glück des Augenblicks zu erkennen?
Entdecken Sie die Welt der kleinen Übungshefte!
Auf leichtfüßige und spielerische Art können sie uns helfen, unser wahres Potenzial zu erschließen. Von seriösen Psychologen entwickelt, bietet jedes Heft eine Fülle von Tests und interaktiven Übungen. Durch eigene Eintragungen wird es zu einem individuellen Begleiter auf dem Weg zum Glück. Denn oft braucht es nur ein paar kleine Impulse, um zum Regisseur des eigenen Wohlbefindens zu werden.

64 Seiten, broschiert
Illustriert von Jean Augagneur

TRINITY

Der Gottesplan ist pure Liebe, der Seelenplan der Weg dorthin, das Schicksal unser Wegweiser

Wir sind die Schöpfer unseres Lebens: Bereits ehe wir inkarnieren, bestimmt unsere Seele einen Plan für ihre Entwicklung und Entfaltung. Doch wie können wir unser Potenzial aktivieren, wie Hindernisse überwinden?

Aus den Quellen ihrer Hellsichtigkeit schöpfend, erklärt Jana Haas die Wirkmechanismen der geistigen Gesetze auf der Erde. Durch unseren freien Willen obliegt es uns, die Welt nach unserer Vorstellung zu erkennen, Tugenden und Werte liebevoll zu integrieren oder abzulehnen. Aus der daraus resultierenden Resonanz ziehen wir die entsprechenden Menschen und Geschehnisse in unser Ereignisfeld. So gestaltet sich fortlaufend unser zukünftiges Schicksal.

ca. 208 Seiten, gebunden
ISBN 978-3-95550-060-3